JN089347

地域から考える 少子化対策

「異次元の少子化対策」批判

中山　徹 著

自治体研究社

はじめに

　少子化は極めて深刻です。1994年に政府は最初の少子化対策「エンゼルプラン」をスタートさせました。その後、新エンゼルプラン（2000年）、少子化社会対策基本法（2003年）、子ども・子育て応援プラン（2006年）、子ども・子育てビジョン（2010年）、少子化危機突破のための緊急対策（2013年）等を決めてきましたが、まったく少子化に歯止めがかかりませんでした。2014年から地方創生が始まり、出生率を上げる目標が設定されましたが、逆に出生率は下がり続けています。

　政府の少子化対策は失敗の連続といっていいでしょう。2024年4月から異次元の少子化対策を始めていますが、これが成功するという論調は全くといっていいほど聞こえてきません。

　都道府県、市町村も地方創生の関係で人口ビジョンを作っていますが、達成できている自治体はごく一部です。

　第1章で詳しくみますが、少子化が改善されなければ、100年後には明治時代の人口まで減ります。「人口減少＝衰退」といっているのではありません。しかし、このような急速な人口減少を放置するとさまざまな問題が生じることは、各方面から指摘されていますが、政府に危機感は感じられません。

　今の少子化には深刻な問題が四つあります。一つ目は、若者らが子どもを産みたくないといっているのではないということです。社会的、経済的な理由で、子どもを産むのを断念している、希望する子どもの数をあきらめている、このような若者が多数存在しています。若者が安心して子どもを産み、育てることができない社会は、高齢者や障がい者が安心して暮らし続けられない社会と同じように、最も避けるべき社会だと思います。

3

二つ目は、少子化の原因は社会の根本問題と結びついているということです。人々が子どもを産み、育てるということは、社会の再生産にとって不可欠な行為です。第2章でみますが、根本的な問題を回避し、表面的な解決策に終始している限り、いつまでたっても解決しません。

　三つ目は、少子化対策は成果が出るまでに時間がかかるということです。これも第1章でみますが、日本は人口が増えにくい構造になっています。そのため、合計特殊出生率が回復したとしても、人口が安定するまでには、さらに数十年程度かかります。来年、合計特殊出生率が上がれば、再来年には人口が増加に転じるというようにはいきません。成果がすぐに出なくても、重要な課題については長期的視点を持って取り組むことが政治に課せられた課題だと思います。

　四つ目は、取組みが遅れれば遅れるほど、事態が深刻になるということです。今回の対策が失敗しても10年後にまた始めればいいと考える方がおられるかもしれませんが、10年後は今よりも事態が悪化しています。後になればなるほど解決に要する時間が増えます。

　もっと真剣に少子化対策に取り組むべきだと思います。同じような考えをお持ちの方に、本書が少しでも役立てば幸いです。

第**1**章

人口減少の状況

　日本では人口減少が止まりません。少子化が想定以上に早く進行し、このままですと将来、大幅に人口が減りそうです。まず最初に、日本の人口減少がどの程度深刻なのかをみます。

1　人口減少の将来予測

100年後には100年前の人口に戻る

　国立社会保障・人口問題研究所は、2020年の国勢調査をもとに将来推計人口を発表しています。それをもとに作成したのが**図表1−1**です。2020年の総人口は1億2615万人で、今後は減り続け、100年後の2120年には4973万人になると予測しています。総人口のピークは2008年の1億2808万人ですから、それと比べると約4割まで減ることになります。これは少子化が現在から改善しないとした場合の予測です。

　さて、100年前は1920年ですが、その時の人口が5596万人なので、100年後には100年前よりも人口が減りそうです。ちなみに、1911（明治44）年の人口が4985万人なので、100年後には明治最終期の人口まで戻るかもしれません。

　また、2020年は1年間で40万9000人の人口が減りましたが、今後減少数は増え続け、2062年以降は年間90万人以上減りそうです。千

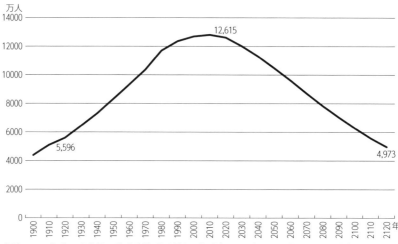

図表 1 − 1　人口の推移（総人口）

万人

出所：2020 年までは実績、総務省統計局「人口推計」。2030 年以降は推計、国立社会保障・人口
　　　問題研究所「日本の将来推計人口（令和 5 年推計）」より筆者作成。

葉市の人口が約 98 万人、北九州市が約 91 万人なので、その規模の市
が毎年一つずつ消滅するイメージです。

急速に進む高齢化

　日本の人口減少は生まれてくる子どもが減っているため生じていま
す。ということは高齢化が急速に進むことも意味します。高齢化率（65
歳以上）と年少人口比率（14 歳以下）の推移をみたのが**図表 1 − 2** で
す。1950 年、高齢化率は 4.9％、年少人口比率は 35.4％ でした。高齢
者は 20 人に 1 人以下、子どもは総人口の 3 分の 1 以上を占めていまし
た。その後、年少人口比率は低下し続け、逆に高齢化率は上がり続け
ます。そして 1997 年、高齢化率が 15.7％、年少人口比率が 15.4％ に
なり、高齢者と子どもの数が逆転しました。その後も高齢化率は増え
続け、2023 年では高齢化率 29.1％、年少人口比率 11.4％ になり、高

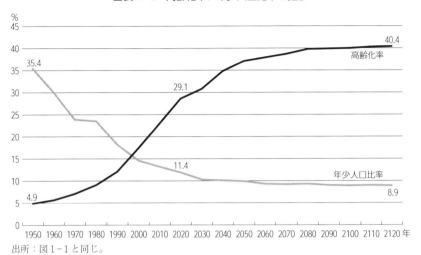

図表1−2 高齢化率、年少人口比率の推移

出所：図1−1と同じ。

齢者は子どもの2.5倍になっています。

　今後の推計ですが、2050年ごろまで高齢化率は急速に上がり続け、2050年には37.1％になると予測されています。その後は上昇のペースが落ちますが、2100年に40％になり、2120年には40.4％になるとしています。年少人口比率は2030年ごろまで減り続け、2030年には10.3％まで下がりそうです。その後は徐々に下がり、2120年には8.9％と予測されています。今世紀終盤以降、高齢者数は子どもの4倍程度でおおむね安定しそうです。

　ちなみに、日本で暮らす人の平均年齢をみますと、2020年は47.6歳、今後は徐々に上がり2031年には50.1歳となり50歳を超えます。その後も上がり続け2070年には54歳になるようです。

なぜ人口が減少するのか

　ここでなぜ人口が減少するかをみておきます。人口が増えるか減る

かは、二つの要因があります。一つは自然増減で、生まれてくる人と亡くなる人の差です。生まれる人の方が多ければ自然増になり、亡くなる人の方が多ければ自然減になります。もう一つは社会増減で、外国から日本に転居する人と日本から外国に転居する人の差です。

　2022年10月1日から2023年10月1日までの1年間の変化をみますと、83万7000人の自然減、24万2000人の社会増、総人口で59万5000人の減少になっています[1]。1年間で24万2000人の社会増ですが、このうち24万人は外国人です。ただ日本の場合、家族の帯同は少なく、一定期間が過ぎると本国に帰る人が多くなっています。そのため、この社会増がどの程度自然増につながるかは微妙です。2013年以降、新型コロナ感染症の影響を受けた2021年を除きますと、自然減、社会増、全体として減少という基調が続いています。

　さて、自然減は年々拡大しています。その理由は亡くなる人が増えていることと、生まれてくる人が減っていること、この二つの理由によります。健康寿命を延ばすような政策は重要ですが、それによって亡くなる人そのものを減らすのは困難です。ここでは生まれてくる人が少なくなっている理由を考えます。

　図表1-3は出生数（1年間で生まれてきた子どもの数）の変化をみたものです。1990年代は増えたり減ったりしています。最高は1994年の123万8328人、最低は1999年の117万7669人です。この10年間は120万人前後で安定しています。その後は出生数が低下し、2005年には106万2530人と初めて110万人を割ります。そして2016年には97万7242人と100万人を割り込み、その後は加速度的に減少します。2000年（119万547人）から2015年（100万5721人）までの15年間で18万4826人減少しています。減少率15.5%で、年間約1%の減少です。それに対して2015年から2023年（72万7277人）の8年間で27万8444人減少しています。減少率27.7%で、年間約3.5%の

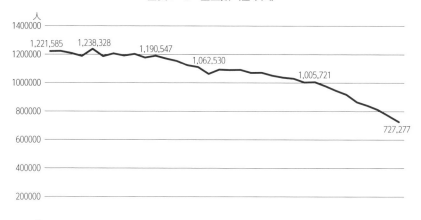

図表1-3　出生数（日本人）

出所：厚生労働省「人口動態統計」より筆者作成。

減少です。

　生まれてくる子どもの数は、一人の女性が産む子どもの数と子ども
を産む女性の数で決まります。おおむね一人の女性が一生の間に産む
子どもの数を合計特殊出生率と呼んでいます。2023年の合計特殊出生
率は1.2で、これでは長期的に人口が減ります。合計特殊出生率が2.07
になると人口が長期的に安定しますが、この2.07を人口置換水準と呼
んでいます。合計特殊出生率の推移をみたのが**図表1-4**です。1974
年は2.05、翌1975年に1.91になり、それ以降は2.0を下回っていま
す。1989年には1.57まで下がりました。これがいわゆる「1.57ショッ
ク」といわれるものです。それまで合計特殊出生率の最低は、丙午の
年だった1966年の1.58でしたが、その値を下回ったからです。しか
しその後も減少し、2005年には1.26まで下がりました。その後はやや
上がり2015年には1.45になりましたが、その後は再び下がり、2022
年は再び1.26になっています。そして2023年には1.2まで下がりま

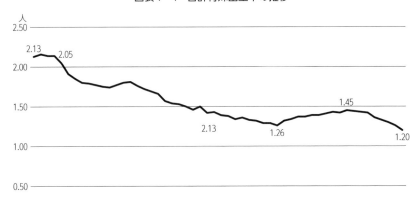

図表1-4　合計特殊出生率の推移

出所：厚生労働省「人口動態統計」より筆者作成。

した。これは統計を取り始めてから最小の値です。この合計特殊出生率の低迷が出生数を低下させている一つ目の原因です。

　日本人女性の初婚平均年齢は29.7歳（2022年）です。また2022年の出生数は77万747人で、出産した母の年齢をみますと30代が46万2838人で60.1％です[2]。そこで30代の日本人女性の人数をみます（図表1-5）。2000年は818万人でしたが、その後は増え、2006年が913.5万人でピークになっています。2000年代半ばから後半にかけて山場があり、これは第2次ベビーブームの時に生まれた方が30代になっているからです。2010年代に入ると第2次ベビーブームの時に生まれた方が40代になったため、30代女性は減少傾向になり、2023年には623.2万人になっています。ピーク時から31.8％の減少です。出生数が低迷している二つ目の原因は、子どもを産む女性の数が減っているからです。

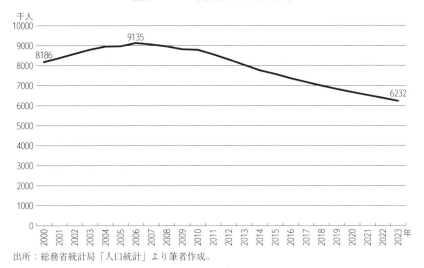

図表1-5　30代女性人口（日本人）

出所：総務省統計局「人口統計」より筆者作成。

2　人口が増えない構造

　2000年代、合計特殊出生率は低迷していましたが、30代の女性が増えていたため、出生数はあまり大きく減りませんでした。しかし2010年代に入ると30代女性人口が減り始め、その上2010年代後半からは合計特殊出生率が再び減り始めたため、出生数の減少幅が大きくなっています。

　少子化対策は合計特殊出生率を上げる対策です。しかし、合計特殊出生率が今後どのように推移するかはわかりません。一方、30代の女性人口がどのように推移するかはある程度予測できます。**図表1-6**は30代の女性の人数が今後どのようになるかを推計したものです。2020年の667.1万人は実績値です。今後も30代女性の人口は減り続け、2050年には464万人なると推計されています。30年間で203万人

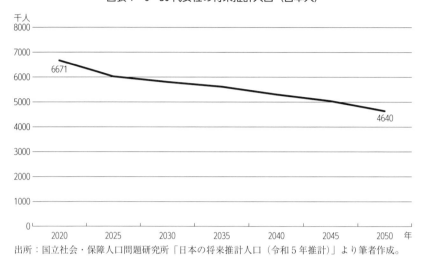

図表 1-6　30代女性の将来推計人口（日本人）

出所：国立社会・保障人口問題研究所「日本の将来推計人口（令和5年推計）」より筆者作成。

の減少、減少率30.4％ です。これは将来推計人口ですが、ほぼ確実な予測値です。というのは、2050年に30代になるためには2020年までに生まれていないとだめだからです。

　これから実施される少子化対策が効果を上げ、出生数が増えたとしても、今から生まれてくる子どもたちが2050年に30代になることは不可能です。つまり少なくとも今後30年間は、子どもを産む女性の人数が減り続けます。

　少子化対策で出生率を上げることは重要です。しかし、出生数に影響を及ぼすもう一つの要因、子どもを産む女性の数が少なくとも今後、30年間にわたって減り続けるため、少子化対策によって直ちに出生数を増やすことは困難です。日本は長年にわたって出生数が減ってきました。これは、将来子どもを産む女性の数が減ることを意味し、人口が増えにくい構造になっています。少子化対策が成果を上げたとしても、このような構造を乗り越えるためには、数十年かかると思われます。

3 目標の破綻と下方修正

地方創生の破綻

　2014年12月に「まち・ひと・しごと創生長期ビジョン」と「まち・ひと・しごと創生総合戦略」が閣議決定され、地方創生が始まりました。地方創生では、合計特殊出生率の回復と東京一極集中の是正を大きな目標としました。地方創生は地方の活性化を目指していました。ところが日本は全体的に人口が減少し始め、とくに地方ではその傾向が顕著でした。地方の活性化を進めようとしても、地方の人口が大幅に減るようでは、目標の達成が難しくなります。そこで地方の人口減少を引き起こしている二つの要因、少子化と東京一極集中の解決を目標にしたわけです。

　地方創生がスタートした2014年の合計特殊出生率は1.42でした。そこで2040年には合計特殊出生率を2.07にする目標を掲げ、それに向けて2020年に1.6、2030年に1.8にするとしました。1.8というのは国民希望出生率です。子どもを産みたいけれど、社会的問題、経済的問題で出産を控えている方が多数おられます。その社会的、経済的問題が解決すれば、子どもを希望通り生むことができますが、それを合計特殊出生率に直すと1.8程度になります。政府が2030年に掲げているのは、この国民希望出生率の達成です。そして2.07は先ほどみた人口置換水準です。2040年に合計特殊出生率は2.07になり、その後2.07が維持できれば、2090年ごろには人口9000万人ぐらいで安定します。地方創生ではこのような目標を掲げました。

　さて、実際に合計特殊出生率がどのように変化したかをみます。2015年には1.45に上がりましたが、その後は下がり続け、2020年には1.33になり、スタート時点よりも低くなりました。そして、2023年

には 1.2 まで下がりました。2020 年の 1.6 は通過点ですが、6 年後の 2030 年に合計特殊出生率を 1.8 にするのは不可能といっていいでしょう。合計特殊出生率を回復するという地方創生最大の目的は破綻しています。

日本創生会議から人口戦略会議へ

　地方創生に先立ち 2014 年 5 月に日本創生会議・人口減少問題検討分科会が「ストップ少子化・地方元気戦略」を発表しました。このままでは地方を中心に大幅な人口減少が生じ、自治体としての存亡が危なくなる。そのような都市を「消滅可能性都市」と名づけ、896 自治体（自治体総数の 49.8%）が該当すると発表しました。そしてこのような事態を避けるため、合計特殊出生率を上げるべきとし、具体的には 2025 年に合計特殊出生率を 1.8（国民希望出生率）、2035 年には 2.1（人口置換水準）を目指すべきとしました。これが実現できると 2090 年ごろには日本の人口が 9500 万人程度で安定するとしました。日本創生会議は民間団体であり、この分科会の座長は増田寛也元総務大臣で、これらの提言は「増田レポート」と呼ばれました。この増田レポートが、政府の地方創生へと繋がりました。

　2024 年 4 月に人口戦略会議が「令和 6 年・地方自治体『持続可能性』分析レポート」を発表しました。人口戦略会議は民間団体であり、議長は三村明夫日本製鉄名誉会長、副議長は増田寛也氏です。このレポートでは、増田レポートを踏まえ、新たに「消滅可能性自治体」の分析を行い、744 自治体が該当すると発表しました。そしてこのレポートに先立つ 2024 年 1 月に「人口ビジョン 2100」を発表しています。このビジョンでは、少子化対策に取り組む重要性を指摘しつつ、2060 年に合計特殊出生率を 2.07 にするという新たな目標を提案しています。これが実現できれば 2100 年には 8000 万人で人口が安定するとしてい

図表1-7　各種提言、計画における人口目標値

	提言、計画発表策定時期	合計特殊出生率目標達成年		目標安定人口	
		1.8 (国民希望出生率)	2.07 (人口置換水準)	達成年	人口規模
日本創生会議	2014 年　5 月	2025 年	2035 年	2090 年頃	9500 万人
地方創生	2014 年 12 月	2030 年	2040 年	2090 年頃	9000 万人
人口戦略会議	2024 年　1 月	2050 年	2060 年	2100 年	8000 万人

出所：本文中に明記した資料より筆者作成。

ます。

　地方創生会議と人口戦略会議は民間団体、地方創生は政府の政策で位置づけは異なりますが、それらが掲げた目標をまとめたのが**図表1 -7**です。発表、策定時期が後になるほど、目標達成年、人口が安定する年が遅くなり、人口規模が小さくなっていることがわかります。

遅くなればなるほど少子化対策は困難になる

　日本では少子化が進み、このままでは急速に人口が減ります。人口減少＝衰退ではありませんが、極端な減少が起こると人々の暮らしにさまざまな悪影響が出ます。また、日本はすでに人口が増えにくい構造になっています。そのため、少子化対策が成功しても、人口が安定するまでには数十年以上かかります。

　出生数は、一人の女性が産む子どもの数と子どもを産む女性の数で決まります。少子化対策は一人の女性が産む子どもの数を増やす対策です。そのため、同じ少子化対策であっても、子どもを産む女性の数が多いほど、生まれてくる子どもの数が増えます。もう一度、**図表1 -6**をみてください。2050 年には 2020 年と比較して、30 代の女性が70％ 程度になります。そうすると少子化対策が成功して 2050 年の合計特殊出生率が 2020 年より 30％ 増えたとしても、産まれてくる子どもは 2020 年より減ります。

日本では長期的に 30 代の女性が減り続けます。とくに 2030 年代後半以降、減少率が大きくなります。このころまでに少子化対策の成果を出し、合計特殊出生率を上昇傾向にしておく必要があると思います。反対に、2030 年代後半までに少子化対策の成果がでないようであれば、日本の将来は今以上に厳しくなるでしょう。

注
1　総務省統計局「人口推計」。
2　厚生労働省「人口動態統計」。

第 2 章

異次元の少子化対策、どこに問題があるのか

　少子化の深刻な事態を受け、政府は 2024 年度から異次元の少子化対策を進めています。第 2 章では、この対策をどう評価すべきか、どこに問題があるのかを考えます。

1　異次元の少子化対策とは

子育ての経済的支援

　政府は 2024 年度から 3 年間、少子化対策の集中取組み期間にしています。最初にこの施策の概要をみます。この対策は 4 つの分野に分かれています。一つ目は、子育ての経済的支援です。内容的には児童手当の拡充、出産等の経済的負担の軽減、高等教育費の負担軽減等です。児童手当は、支給要件としていた所得制限をなくすことで、すべての子どもが対象になります。また、今までは中学生までが対象でしたが、高校生年代までが対象になります。そして、第三子以降については高校生年代まで月額 3 万円に増額されます。現在の児童手当ですが、3 歳未満は月額 1 万 5000 円、それ以降は 1 万円で、第一子、第二子については従来の金額のままです。この結果、第一子、第二子については、子ども一人につきトータルで 36 万円の増額になります。第三子については状況によって異なりますが、トータルで 250 万円ぐらいから最大で 450 万円程度の増額になると思います。この改善は 2024

年 12 月支給分から実施予定です。

　出産育児一時金は 2023 年 4 月に、42 万円から 50 万円へすでに引き上げられています。そして 2026 年度をめどに出産費用の保険適用について検討するとしています。

　高等教育費の負担軽減ですが、多子世帯（扶養している子どもが 3 人以上）、私立大学等の理工農系等に在籍している学生については、2024年度から授業料減免制度、奨学金制度が拡充されました。状況によって異なりますが、おおむね世帯年収が 600 万円程度までが拡充の対象となります。また、2024 年度から大学院修士課程に入学する学生に対して、授業料後払い制度が導入されました。これは、一定の条件を満たしておれば、在学中に授業料を払わず、卒業後に働き出してから後払いできる制度です。さらに、多子世帯については大学等の授業料を 2025 年度から無償化するための検討を始めています。

　それ以外には住宅ローン金利の引下げ制度が 2024 年から始まっています。これは子育て世帯の場合、子どもの数に応じてフラット 35 の金利を引き下げるもので、当初の 5 年間、子ども一人につき金利が 0.25％引き下げられます。たとえば、子どもが 3 人いる場合は 0.75％の引下げになります。

すべての子ども・子育て世帯を対象とする支援の拡充

　二つ目は、すべての子ども・子育て世帯を対象とする支援の拡充で、「こども誰でも通園制度」の創設、妊婦・子育て家庭への伴走型相談支援と経済的支援の創設、保育の質の向上などです。こども誰でも通園制度は、6 か月以上、3 歳未満で、保育所や認定こども園などを利用していない子どもを対象に、月 10 時間まで保育所や認定こども園などを利用できるようにする制度です。2024 年度から一部で試行的に実施し、2026 年度から全国すべての市区町村で実施する予定です。これについ

ては第4章で詳しくみます。

　妊婦・子育て家庭への伴走型相談支援と経済的支援は、妊娠期から子どもが2歳ぐらいまでの期間、面談や情報提供によって適切な相談を行いつつ、経済的負担を軽減するため10万円相当の経済的支援を行うものです。面談は妊娠届時、妊娠8か月ごろ、出産後の3回行います。事業主体は市町村ですが、委託も可能で、2023年度から始まっています。

　保育の質の改善は、職員の配置基準の改善、保育士の処遇改善などです。4・5歳児の職員配置基準は30対1（一人の保育士が担当できる子どもの上限が30人）ですが、それを25対1に改善しました。また3歳児は20対1でしたが、15対1に改善しました。ただし当分の間は経過措置として、従来の基準で運営してもいいとなっています。これは2024年4月から実施されています。

共働き・共育ての推進

　三つ目は、共働き・共育ての推進で、男性育休取得率の向上、育休手当給付率の引上げ、育児時短休業給付の創設などです。男性育休取得率の向上は、子育てが女性任せになっている状況を改善するため、男性の育休取得率を向上させようとするものです。2022年度、女性の育休取得率は80.2％でしたが、男性の取得率は17.1％でした。それを2025年に50％、2030年には85％に引き上げる目標を設定しています。

　その目標達成のため、育休手当給付率を引き上げます。現在の給付は手取りで8割程度です。それを、子どもが生まれてから8週間以内（男性）、産休後8週間以内（女性）に、両親が14日以上育休を取得した場合、給付率を引き上げ、手取りで10割になるように改善されます。いずれも28日が上限です。

　子どもが小さい間は勤務時間の短縮（時短勤務）を希望する方がい

ます。しかし、勤務時間を短縮すると、その分賃金が下がります。そこで時短勤務を取りやすくするため、2歳未満の子どもを養育するために時短勤務をする場合、賃金の10%を上乗せ支給する制度を創設します。これらは2025年度から実施を予定しています。

安定財源の確保と予算の倍増

　四つ目は、異次元の少子化対策を進めるための安定した財源の確保です。先に述べた子育ての経済的支援で1.7兆円程度、すべての子ども・子育て世帯を対象とする支援の拡充で1.3兆円程度、共働き・共育ての推進で0.6兆円程度、合計で3.6兆円程度の安定財源が必要としています。この3.6兆円ですが、既定予算の組換え等で1.5兆円、歳出改革等で1.1兆円、子ども・子育て支援金制度の創設で1兆円確保する予定です。最終的に確保できるのは2028年度ですが、それまでの不足分は、子ども・子育て支援特例公債を発行して確保するとしています。財源確保の問題点については後でみますが、子ども・子育て支援金制度は医療保険に上乗せして国民、事業者から徴収するもので、2026年度から徴収を始めます。

　異次元の少子化対策を実施すると、日本の子ども・子育て関係予算はOECDトップ水準のスウェーデンと同じ水準に達するとしています。また、2022年度のこども家庭庁の予算は4.7兆円ですが、それが5割増になるとしています。さらに2027年度以降も予算の拡充を進め、2030年代初頭までに、子ども一人当たりの予算を倍増させるとしています。

2　本質的な問題を回避した少子化対策

新自由主義的な雇用破壊政策は不問

　後でみるこども誰でも通園制度などを除き、先に紹介した異次元の少子化対策に並んでいる内容は実施すればいいものです。しかし、異次元の少子化対策には、致命的な問題があります。それはこの20年以上、政府が進めてきた新自由主義的な政策を維持しようとしていることです。そのため、新自由主義的な政策には手をつけず、政府の予算措置で解決できそうな課題に対策を限定しています。

　かつて働くというと正規雇用が当たり前でしたが、最近では非正規雇用が増えています。図表2−1は非正規職員の比率をみたものです。1990年時点では非正規職員の比率は20.2％でしたが、2022年には37.1％まで上がっています。女性をみますと、同じ期間に38.1％から53.2

図表2−1　非正規職員の比率

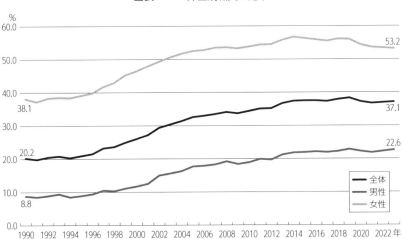

出所：総務省統計局「労働力調査（詳細集計）」より筆者作成。

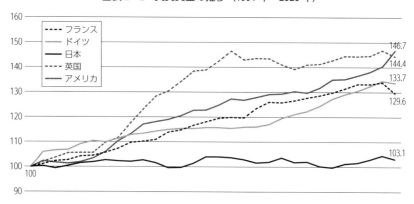

図表 2 − 2　実質賃金の推移（1991 年〜2020 年）

出所：内閣府「令和 4 年度　年次経済財政報告」より筆者作成。

％ まで増えています。女性の場合、2003 年に 50％ を超え、それ以降
は 50％ 以上になっており、働く女性の二人に一人以上が非正規という
ことになります。また、男性でも非正規の比率が 8.8％ から 22.6％ に
増えています。

　非正規が大きく増えているのは、女性と高齢者の就業率が上がって
いることによります。ただし、25 歳から 34 歳の男性の非正規の比率
をみますと、1990 年は 3.2％ でしたが、2023 年では 14.6％ になって
います。

　図表 2 − 2 は先進国の実質賃金の推移をみたものです。1991 年を 100
とした変化ですが、2020 年でアメリカは 146.7、イギリスは 144.4、ド
イツは 133.7、フランスは 129.6 です。それに対して日本は 103.1 です。
日本だけがこの 30 年間、実質賃金が全く上がっていません。

　雇用が不安定になり、賃金も上がっていません。その結果、若者た
ちは自分の将来を展望することが難しくなっています。そのような状
態で安心して子どもを産み、育てられるとは思えません。政府がいう

「子育ての経済的支援」は進めたらいいですが、その前にこの20年間進んできた非正規雇用の拡大、所得の引下げという企業の経営戦略と、それを支援してきた政府の労働政策を抜本的に見直すべきです。

　その点には手をつけず、児童手当の増額等で若者の所得を増やそうとしています。児童手当を上げることは重要です。しかし先にみたように18年間でもらえる児童手当が、一人っ子の場合、36万円増え（1年に直すと2万円の増）、二人兄弟の場合は、72万円増えます（1年に直すと4万円の増）。3人兄弟の場合は、合計で300万円〜500万円程度の増額（1年に直すと20万程度の増）です。この程度の所得増ですと、子どもを産もうという経済的なインセンティブにはほとんどならないと思います。給与を上げず、児童手当の増額で必要な所得に達するとは思えませんし、雇用が不安定であれば、問題の本質は全く解決しません。

ジェンダー問題は実質的に棚上げ

　図表2-3はジェンダーギャップ指数の国際比較です。ジェンダーギャップ指数は、男性の数値に対する女性の数値の割合をみたもので、1が完全に平等、0が完全不平等を意味します。1位はアイスランドで0.935、2位はフィンランドで0.875、3位はノルウェーで0.875、日本は0.663で146か国中118位です。ジェンダーギャップ指数は4分野で計算されています。日本の値をみますと、教育は0.993、健康は0.973で男女差はほとんど見られませんが、経済参画は0.568で世界120位、政治参画は0.118で世界113位です。

　図表2-4は日本のジェンダーギャップ指数、順位の推移をみたものです。ジェンダーギャップ指数は2006年から公表されていますが、2006年の日本の順位は80位、ジェンダーギャップ指数は0.645でした。他国は計画的にジェンダー問題に取り組み、その結果、ジェンダーギ

図表 2-3 ジェンダーギャップ指数

	国 名	指数
1	アイスランド	0.935
2	フィンランド	0.875
3	ノルウェー	0.875
4	ニュージーランド	0.835
5	スウェーデン	0.816
6	ニカラグア	0.811
7	ドイツ	0.81
8	ナミビア	0.805
9	アイルランド	0.802
10	スペイン	0.797
⋮	⋮	⋮
14	イギリス	0.789
22	フランス	0.781
43	アメリカ	0.747
⋮	⋮	⋮
118	日本	0.663

出所：世界経済フォーラム「Global Gender Gap Report」より筆者作成。

ャップ指数を改善させてきました。しかし日本は、ジェンダー問題に取り組んできたとは言い難く、ジェンダーギャップ指数はほとんど変化していません。2024年のジェンダーギャップ指数が0.663ですから15年以上かかってもほとんど改善できていません。他国が改善したため、日本の順位は下がり続け、2024年には118位になっています。

図表2-5は無償労働時間の男女比をみたものです。無償労働とは家事、育児、ボランティア活動などの時間で、対象としているのは15歳から64歳です。日本の女性は男性の5.5倍です。他の先進国は1.5倍から2倍程度、北欧は1.3倍です。夫婦共働きが増えていますが、日本

図表 2-4　日本のジェンダーギャップ指数と順位の推移

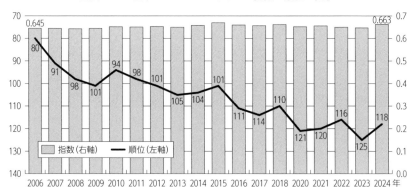

注：2019年は公表されていない。
出所：図表2-3と同じ。

28

図表 2-5 無償労働時間の男女比（女性/男性）

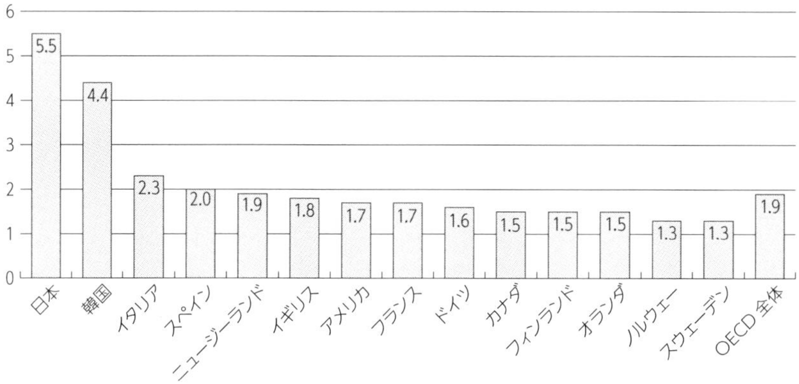

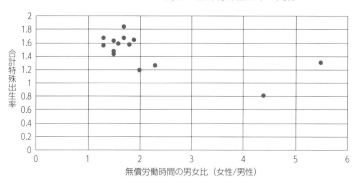

出所：内閣府男女共同参画局「令和 2 年版、男女共同参画白書」より筆者作成。

図表 2-6 ジェンダー問題と合計特殊出生率の関係

出所：無償労働時間の男女比は図表 2-5 と同じ。合計特殊出生率は世界銀行の web
　　　サイトより筆者作成。

の場合、家事、育児などの多くは女性が担っています。そのため、働
く女性にとって、育児、家事が大きな負担になり、出生率低下の大き
な原因になっています。

　図表 2-6 は、無償労働時間の男女比を横軸に、合計特殊出生率を縦
軸に取った相関図です。無償労働時間の男女比が 1 に近づくほど、合

計特殊出生率が高くなっています。

　ヨーロッパで少子化対策に成功した国の主要な施策は、女性の就労と育児をどう両立させるかでした。そのポイントは、社会、職場においては育児休業制度の充実、保育制度の充実、柔軟な正規雇用制度の確立（正規雇用における短時間労働の導入）など、家庭においては男性の家事、育児時間の延長、女性のそれら負担の軽減でした。異次元の少子化対策でも職場における就労環境の改善は盛り込まれていますが、ヨーロッパの水準と比べるとまだまだ不十分です。ヨーロッパでは有給の育児休暇が子ども一人につき３年程度保障されており、日本もそのぐらいの対策が必要です。

　また、日本では「伝統的」家族観が根強く、家庭における性別役割分担が改善されていません。多くの女性が専業主婦であった時代における家族観を、女性の社会進出が進んだ現在においても維持しているため、その矛盾が少子化という形で表面化しています。本来は政府がそのような「伝統的」家族観を改善するような政策を積極的に進めなければなりませんが、逆に夫婦別性すら拒んでいます。異次元の少子化対策でも夫婦別性などはまったく触れていません。

　女性の社会進出が進んでいる先進国で、出生率を回復させるためには、ジェンダーギャップの改善が不可欠でした。しかし、日本は職場、家庭の両面でそれが前進しておらず、異次元の少子化対策でも極めて不十分な状態になっています。

子育て世代の働き方改革に矮小化

　異次元の少子化対策でも、子どもが２歳未満までの育児時短休業給付の創設などがあり、それ以外にも育児休業法（育児休業、介護休業等育児又は家族介護を行う労働者の福祉に関する法律）の改正でいくつかの前進がみられます。たとえば、事業主に対して就学前の子ども

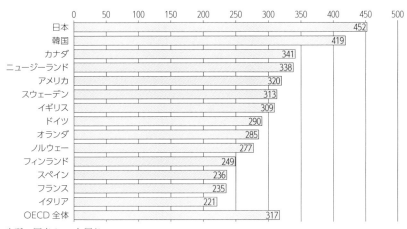

図表 2-7　男性有償労働時間（週当たり、時間）

	時間
日本	452
韓国	419
カナダ	341
ニュージーランド	338
アメリカ	320
スウェーデン	313
イギリス	309
ドイツ	290
オランダ	285
ノルウェー	277
フィンランド	249
スペイン	236
フランス	235
イタリア	221
OECD 全体	317

出所：図表 2-5 と同じ。

を養育している労働者が柔軟に働けるようにするための措置（始業時刻等の変更、テレワークなど）を義務化し、3歳未満児を対象としていた所定外労働の制限（残業免除）を就学前まで拡大するなどです。このような改善は望ましいといえますが、子育て世帯の働き方改革で対象にしているのは、就学前が大半です。

　図表2-7は男性の有償労働時間を比較したものです。対象は15歳から64歳で、勤務時間、学校等で授業を受けている時間、通勤・通学時間などでの合計で、1週間当たりの時間数です。OECDの平均が317時間で、日本は452時間ですから、100時間以上、多くなっています。図表2-8は長時間（週当たり49時間以上）働いている就業者の割合をみたものですが、日本は15.3％で1番です。

　日本の労働時間は他国と比べて長く、残業も多いといえます。そのような状況の中で、子育て期だけ就業時間を短くするのは非現実的です。周りの同僚が残業で追われているときに、一人だけ残業を免除してもらうのは勇気がいります。また、時短勤務を選択しても、その代

図表 2-8　長時間労働の割合

国	割合
日本	15.3
アメリカ	12.5
カナダ	8.9
フランス	8.8
イタリア	8.8
ベルギー	7.7
スペイン	6.8
フィンランド	6.5
デンマーク	6.3
スウェーデン	5.8
オランダ	5.6
ノルウェー	5.5
ドイツ	5.3

注：週49時間以上働いている就業者の割合。
出所：労働政策研究・研修機構「データブック国際労働比較2024」より筆者作成。

替要員が確保されなければ、同僚の仕事が増えるだけです。子どもが小学校に行くまで時短勤務ができたとしても、小学校に入学すると同時に残業をしなければならないような状態では、子育てと就労の両立が困難です。

　子育て期の労働時間を短縮する考え方はいいことです。しかし、日本の長時間労働、残業が当たり前という働き方の全体を変える政策を進めながら、子育て期の働き方を変えていくようにしなければ、安心して時短勤務や残業免除を申請することは難しいでしょう。

東京一極集中はまったく触れず

　図表2-9は首都圏への転入超過者数をみたものです。2011年以降、転入超過者数が増え続け、2019年には14万6000人になっています。2020年、2021年は、新型コロナ感染症の影響で、転入者数は減りましたが、2022年以降は再び転入者数が増え、2023年には11万5000人になっています。

　首都圏への転入者数が増えるのは、自然現象ではありません。東京

図表 2 - 9 　首都圏への転入超過者数（日本人）

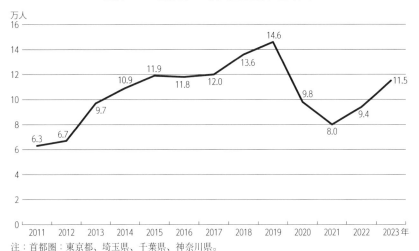

注：首都圏：東京都、埼玉県、千葉県、神奈川県。
出所：総務省統計局「住民基本台帳人口移動報告」より筆者作成。

では建築規制が大幅に緩和され、次々と大規模な建物が建てられています。また、鉄道、道路などを中心としたインフラ整備も着々と進められています。地方ではローカル線の廃止が大きな問題になっていますが、首都圏では複数の鉄道整備計画、たとえば、JR 羽田空港アクセス線、東京メトロ豊住線、東京メトロ南北線延伸などが動いています。行政が規制緩和を行い、インフラ整備を進めるため、民間投資も集中してきます。その結果、地方から首都圏への転入が拡大し続けています。

　首都圏への一極集中は政策的に作り出された現象です。なぜそのような一極集中を進めるのでしょうか。日本が国際競争に勝ち残るためには、まず東京がロンドン、ニューヨーク、パリなどの世界都市、さらには北京、上海、シンガポール、ソウルなどアジアの大都市との競争に勝たなければならないと考えているようです。しかし、日本は全国的に人口が減りだしています。そこで東京にヒト、モノ、カネ、情

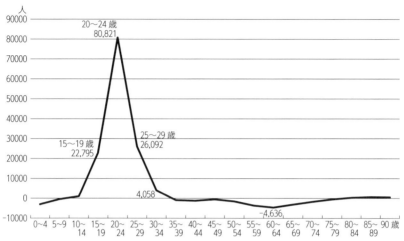

図表 2 - 10　年齢別首都圏への転入超過者数（日本人）

出所：総務省統計局「住民基本台帳人口移動報告 2023 年結果」より筆者作成。

報を集中させることで、東京の国際競争力を強化しようとしています。もし東京が競争に負けると、日本全体が沈んでしまう。東京が国際的な競争に勝てば、地方にもその恩恵が滴り落ちてくるから、まず東京に集中させるべきだというわけです。経済には、トリクルダウン理論というのがあります。大手企業が栄えると、その恩恵が中小企業にも滴り落ちてくる、だからまず大手企業の収益を上げようという考えです。東京が勝てばその恩恵が地方にも滴り落ちてくるという考え方は、トリクルダウン理論の地域版です。しかし、トリクルダウン理論と同じで、いつまでたっても地方には恩恵が滴り落ちてきません。

　東京に転入している人を年齢別にみたのが**図表 2 - 10**です。2023 年の転入超過者数は 11 万 4802 人、最も転入超過者が多いのは 20 歳〜24 歳で 8 万 821 人、次は 25 歳〜29 歳で 2 万 6092 人、三番目は 15 歳〜19 歳で 2 万 2795 人です。15 歳〜29 歳で転入超過者数が 12 万 9708 人になり、全体の転入超過者数を超えています。ということは、それ

図表 2-11 合計特殊出生率の下位 5 県

順位	2023 年		2022 年		2021 年		2020 年		2019 年	
43	京都府	1.11	埼玉県	1.17	京都府	1.22	京都府	1.26	埼玉県	1.27
44	秋田県	1.1	神奈川県	1.17	千葉県	1.21	秋田県	1.24	京都府	1.25
45	宮城県	1.07	北海道	1.12	北海道	1.2	北海道	1.21	北海道	1.24
46	北海道	1.06	宮城県	1.09	宮城県	1.15	宮城県	1.2	宮城県	1.23
47	東京都	0.99	東京都	1.04	東京都	1.08	東京都	1.12	東京都	1.15
全国		1.2		1.26		1.3		1.33		1.36

出所：厚生労働省「人口動態統計」より筆者作成。

以外の年齢層は転出超過ということです。つまり東京一極集中は若者の集中といえます。

　図表 2-11 は都道府県別に合計特殊出生率の推移をみたものです。東京都の合計特殊出生率は常に全国最下位です。図表 2-11 は 2019 年からの 5 年間をみていますが、それ以前も東京都は一貫して全国最下位です。

　東京都では通勤時間が長いため、育児、家事などに充てる時間が少なくなります。また住宅価格も高く、家族の増加に対応した住宅確保は容易ではありません。そのような理由で、東京の合計特殊出生率は常に全国で最下位になっています。地方から東京に若者が集中していますが、その若者たちが東京で子育てするのは大変であり、出産をためらったり、希望の子ども数を断念しています。東京の 2023 年の合計特殊出生率は 0.99 で、一人の女性が一人未満しか子どもを産んでいない状態です。日本で一番、若者が多い東京の出生率がここまで低いと、少子化に大きな影響を与えます。東京一極集中政策を見直し、若者が東京に集中してくる状況を改善しない限り、少子化対策は前進しません。

高等教育費の個人負担軽減には程遠い内容

　日本は教育費の個人負担が多い国です。とくに深刻なのは大学など

図表 2 - 12　高等教育費における公費負担の割合

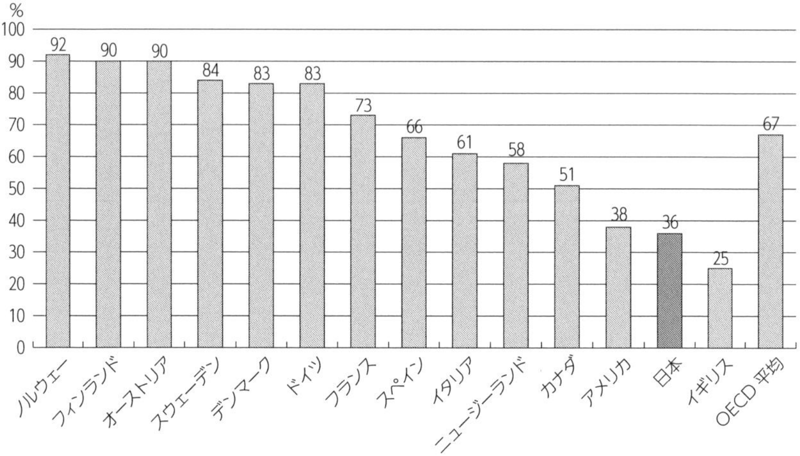

出所：OECD「Education at a Glance　2023年度版」より筆者作成。

の高等教育です。**図表 2 - 12** は大学などの高等教育機関における公費負担の割合をみたものです。北欧などは 90％ を超えており、ドイツは 83％、フランスは 73％ です。OECD の平均が 67％ ですが、日本は 36％ しかなく、個人負担が非常に高くなっています。

　小学校から高校までの公費負担の割合をみますと、OECD の平均が 91％、日本は 93％ で平均を超えています。ただし、日本は塾などの経費が高く、授業料以外の個人負担、たとえば制服、修学旅行、教科書代なども考慮する必要はあります。しかし、高校までは公費負担の割合が高まってきました。

　それに対して金額面で最も大きい高等教育の公費負担が少なく、これが子育てにお金がかかる大きな原因になっています。先にみたように異次元の少子化対策でも、高等教育費の負担軽減を考えるとしていますが、多子世帯に限定した無償化で、しかもこれから検討するという内容であり、国民の希望とはかけ離れています。高等教育機関にお

ける個人負担の軽減を本格的に進めない限り、子育てにお金がかかる
現状は改善されません。

3　国民負担で財源を確保

財源負担の仕組み

　少子化対策を安定的に進めるためには財源が必要です。政府はこの
財源を新たな国民負担で確保しようとしています。政府は 2028 年度
には新たに年間 3.6 兆円の財源を確保するとしています。その内訳は、
新たに創設する子ども・子育て支援金制度（1 兆円程度）、社会保障の
歳出改革（1.1 兆円程度）、既定予算の活用（1.5 兆円程度）です。

　子ども・子育て支援金は医療保険に上乗せして国民から徴収します。
2026 年度からスタートし、当初は 6000 億円を想定（国民一人あたり
月額 300 円程度）、2027 年度は 8000 億円程度を想定（同 400 円程度）、
2028 年度は 1 兆円程度を想定（同 500 円程度）しています。2028 年度
には国民一人あたり年間 6000 円程度になります。ただしこれは全国民
で割った場合の平均金額です。実際に支払うのは被保険者になるため、
もっとも高い共済組合の場合、1 か月あたり 950 円になり、年間 1 万
円を超えます。また、保険料は所得によって異なるため、所得の高い
方は 1 か月あたり 1000 円を超えると思われます。さらに、75 歳以上
の後期高齢者医療制度利用者からも月 350 円徴収します。子ども・子
育て支援金の 1 兆円は、国民から 6200 億円程度徴収し、事業主負担と
して企業等（国、自治体等は除く）から 3800 億円程度徴収することに
なりそうです。

新たな国民負担で少子化対策を行う仕組み

　少子化対策を充実させるためには財源が必要です。異次元の少子化

対策ではその財源を新たな国民負担で確保しようとしているところに大きな問題があります。子ども・子育て支援金制度は先にみたように、国民に6000億円を超える負担を強いるものです。ただし、2028年度の計算であって、異次元の少子化対策で十分な成果が上がらない、もっと施策を拡充する必要があるとなれば、国民負担がさらに増えるでしょう。

　また、社会保障の歳出改革は、高齢者向け医療費・介護保険の公費負担削減、年金の引下げ、医療費・介護保険の本人負担引上げなどによって財源を生み出すものです。この1兆1000億円の大半も新たな国民負担になります。

　さらに、医療保険に上乗せするため、保険制度の根幹を揺るがすことになります。保険制度はもともと助け合いの仕組みです。普段から医療保険をかけておくことで、病気になった際、保険から医療費の一部を出してもらえます。今回の子ども・子育て支援金制度は、子育てとは関係のない国民、たとえば高齢のため今後子育てをする可能性がない方からも徴収する仕組みです。政府が率先して保険制度の根幹を崩すようなことはやめるべきです。

　2012年6月に当時の与党であった民主党と、野党であった自民党、公明党の間で三党合意がなされました。これは、医療、福祉、子育て支援などの安定財源確保のため、消費税率を引き上げるという内容です。そして2012年6月に「社会保障の安定財源の確保等を図る税制の抜本的な改革を行うための消費税法等の一部を改正する等の法律案」「子ども・子育て支援法案」など8法案が、先の三党の賛成で成立しました。それを受けて2014年4月から税率が5％から8％に上がり、その一部が2015年4月から始まった子ども・子育て支援新制度の財源に充てられました。また2019年10月から税率が8％から10％に上がり、その一部を使って2019年10月から3歳児以上の保育料無償化を実施

しました。

　この経緯を踏まえると、異次元の少子化対策も消費税の税率引上げで財源を確保することになります。しかし、今の時点で税率引上げを行うと、与党が選挙で大敗するだけでなく、日本経済に破滅的影響を与えるでしょう。そこで増税ではなく、医療保険に上乗せという姑息な手段をとったわけです。ただ医療保険への上乗せは広く国民から徴収するので消費税と同じです。医療保険への上乗せであれば、実質的な増税であっても国民は気づかないだろうと判断したのではないかと思います。

4　異次元の少子化対策の本質

　若者が子どもを持つのをためらっている理由はさまざまですが、大きな理由は、若者自身の雇用が安定せず、賃金が上がらないため、自身の将来に展望がみいだせていないからです。そこを解決しないと、少子化対策は成功しないでしょう。これは3章でみますが、人口戦略会議も若者の所得向上、雇用の改善が最重要課題と指摘しています。

　雇用の安定、人件費の削減を進めてきたのは、大手企業とそれを政策的に支援してきた政府にあります。にもかかわらず、このような新自由主義的な労働政策を維持・強化しながら、政府の予算措置で実現可能な対策に限定したのが異次元の少子化対策です。

　その結果、少子化対策の焦点は予算が確保できるかどうかに移っています。確かに必要な予算が確保できるかどうかは重要です。しかし、若者が子どもを産みやすいかどうか、というのは国の根幹に関わる問題です。その根幹にある新自由主義的な政策を不問にし、「少子化対策＝財源確保」にしているところに大きな問題があります。

　さらにその財源を、新たな国民負担にしようとしていることも重大

な問題です。異次元の少子化対策には、この二つの本質的な問題があります。

第**3**章

異次元の少子化対策、消滅可能性自治体論の狙い

いままでも政府は少子化対策を進めてきましたが、そもそも政府は少子化対策で何を実現しようとしてきたのでしょうか。本章ではその点を確認します。また、人口戦略会議が「人口ビジョン2100」「消滅可能性自治体」を発表しています。それについてもみておきます。

1 労働政策として進められた少子化対策、子育て支援

人手不足の実態と解消方法

日本の高度経済成長は1955年から始まりました。経済成長を持続させるためには働き手を増やす必要があります。日本の場合、ヨーロッパとは異なり、15歳〜64歳人口が増え続けました。**図表3-1**は15歳〜64歳の男性の人口をみたものです。1950年は2414万人でしたが、1962年には3035万人で3000万人を超え、1983年には4014万人で4000万人を超え、1995年には4380万人となり、1950年と比べると2000万人近く増えました。大都市部ではそれでも働き手が不足したため、農村部から大量に若者を転入させることで、人手不足を補ってきました。

ところが1995年をピークに15歳〜64歳の男性人口は減り始めます。2002年までは4302万人で4300万人台を維持していましたが、人口減少は止まらず、2013年には3981万人と4000万人を割りました。そし

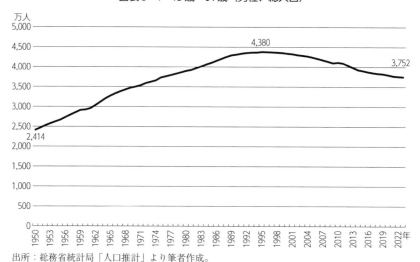

図表 3-1　15 歳〜64 歳（男性、総人口）

出所：総務省統計局「人口推計」より筆者作成。

て 2023 年には 3752 万人になっています。この人口は 1976 年とほぼ同
じで、ピーク時から 14.3% の減少です。

　当然、男性の就業者数も減ります。15 歳〜64 歳の男性の就業者数を
みますと、2000 年は 3516 万人でしたが、2023 年は 3162 万人まで減少
しています。354 万人の減少、減少率 10.1% です。

　これでは人手が大幅に不足し、企業にとって致命的な問題になりま
す。すでに農村部では過疎が進んでいるため、地方には期待できませ
ん。そこで政府がとった対策は、女性と高齢者の就業率を上げること、
外国人の就業者を増やすことでした。

　図表 3-2 は 2000 年から 2023 年の間に、男性、女性別、年齢別に就
業者数がどのように変化したかをみたものです。就業者は全体で 301
万人増えていますが、先にみたように 15 歳〜64 歳の男性就業者数は
354 万人の減少です。それを補ったのが女性と高齢者です。女性の就業
者数は 422 万人増え、65 歳以上の就業者は 431 万人増えています。た

だし、就業者数は増えていますが、女性、高齢者の多くは非正規雇用のため、一人当たりの就業時間は15歳～64歳の男性と比べると短く、就業者数の増加ほど総就業時間は増えていません。

図表 3-2 就業者数の変化
(2000 年 → 2023 年、万人)

		15 歳～64 歳	65 歳以上	合　計
男	性	− 354	233	− 121
女	性	224	198	422
合	計	− 130	431	301

出所：総務省統計局「労働力調査」より筆者作成。

　2010 年 7 月から在留資格に「技能実習」が設けられ、技能実習生を労働者として扱うようになり、外国人労働者の本格的な導入が始まりました。2011 年に在留資格「技能実習 1 号」で新規入国した外国人は 6 万 6025 人でしたが、新型コロナ感染症が流行する前の 2019 年には 17 万 3705 人になっています[1]。

少子化対策、子育て支援は女性の就業者を増やすための対策

　では、女性、高齢者の就業者をどのようにして増やしたのでしょうか。2010 年代に入り団塊の世代が定年退職しだしました。定年後も健康であれば働き続けたいという高齢者が増えています。一方、退職後、安心して暮らせるような施策を政府は展開せず、逆に年金の引下げ、保険料の引上げ、医療費本人負担の引上げ等を進めてきました。そのため、定年後も働かざるを得ない高齢者が続出しました。それらの結果、高齢者の就業者数が増えました。

　女性の就業者についても二つの面からみる必要があります。一つは、家庭にとどまるのではなく、働き続けたいという女性が増えたことです。もう一つは、この 30 年ほど取り組まれてきた日本型賃金制度の見直しです。それ以前はお父さんが働き、その賃金でお母さん、子どもを養ってきました。それを保障していたのが年功序列型賃金体系です。しかしそれでは人件費が高くなるという理由で、年功序列型賃金体系

を崩してきました。その結果、お父さんの賃金だけで暮らすのが難しくなり、働きに出るお母さんが増えています。

　15歳〜64歳人口の減少とともに、男性の就業者数が減っていますが、それを女性の就業者で補う場合、保育所の整備、学童保育の整備等が必要です。この間、進めてきた少子化対策、子育て支援はさまざまな施策で構成されていますが、最大の意図は女性の就業者を増やすための条件整備です。

21世紀に取り組まれた少子化対策、子育て支援

　2001年に待機児童ゼロ作戦が始まり、2003年に少子化対策基本法が成立、2008年には新待機児童ゼロ作戦が始まりましたが、待機児童は一向に解消されません。そして2013年には待機児童加速化プランがスタートし、2015年から子ども・子育て支援新制度がスタートします。21世紀に入った最初の20年間ほど、少子化対策、子育て支援の中心は待機児童対策であったといえます。2016年2月には「保育所落ちた日本死ね」という文がTwitter（現在のX）に投稿され、それが国会で取り上げられるなど、待機児童問題が政治的にも大きな問題となりました。子どもを保育所に預けることができなければ、女性が仕事に出るのは困難です。そのため、待機児童の解消は、人手不足に悩む経済界からも求められ、少子化対策、子育て支援の一環として政府が本格的に取り組む最大の動機になりました。

　2015年4月から子ども・子育て支援新制度がスタートしました。これは女性の社会進出に対応して、就学前教育、保育を新たな制度に作り替えること、待機児童の大半を占めていた0歳児〜2歳児向けの受け皿を増やすことが大きな目的でした。従来、就学前の子どもで保護者が家で保育できる場合は幼稚園に行き、そうでない場合は保育所を使っていました。しかし、働く女性が増え、幼稚園は定員割れが目立

ち、保育所は不足しました。そこで幼稚園を認定こども園に替えることで、幼稚園を転換しつつ、保育の受け皿拡大を進めました。また、0歳〜2歳児に特化した地域型保育事業を新たに制度化し、受け皿拡大を進めました。地域型保育事業は規制緩和型であり、保育所ほど初期投資がかからず、すべての保育者に保育士資格も求められません。質を犠牲にした量的拡大で対応したわけです。新制度は、保育を民間中心の制度に変えることなど、それ以外にも目的はありましたが、当時不足していた保育の受け皿拡大を進めるための制度でもありました。

2019年10月から三歳児以上の保育料が実質無料になりました。子育てに対する個人負担を減らすため、消費税の税率引上げで財源を確保し導入されました。3歳児以上であれば、1日4時間幼稚園に預けても、1日11時間保育所に預けても、どちらでも無料になりました。これは子どもが3歳になれば保育所などを利用して、お母さんは働きに出てくださいというメッセージでした。同じ無料で預けられるのであれば、4時間ではなく、もう少し長く預けてパートで働こうと考える人が増えます。無償化は個人負担の軽減であり子育て支援ではありますが、働く女性を増やす労働政策でもありました。

なぜ自民党が少子化対策に取り組むのか

保守政党である自民党が、なぜ女性の社会進出を促すような政策をとるのでしょうか。また、子育ては家庭の責任と考えてきた自民党が、なぜ保育の受け皿整備に力を入れるのでしょうか。一つは、国民の世論が無視しにくくなったからです。もう一つは、男性の就業者減少を女性の就業者増で補おうとした経済界の戦略にこたえるためです。そのため2010年代は、女性の就業者増につながる施策を少子化対策、子育て支援として進めてきました。

少子化対策は長期的には就業者を増やす重要な対策です。しかし、

直面している就業者不足には繋がりません。長期的な視点を述べつつ、直面する就業者不足に対応してきたのがこの間の少子化対策であったといえます。

2　異次元の少子化対策の狙い

再び就業者を増やす社会的要請

　新型コロナ感染症が5類に位置づけられ、有効求人倍率も再び上昇し、さまざまな業種で人材不足が生じています。そのような中で高齢者の就業率を上げる対策、外国人労働者を増やす対策が進んでいます。日本の高齢者の就業率は年々増え続け、65歳〜69歳で50.8%、70歳〜74歳で33.5%、75歳以上で11%になっており、いずれも過去最高です[2]。その結果、高齢就業者の就業者総数に占める割合も13.6%で過去最高、おおよそ働いている人の7人に1人は高齢者です。65歳以上高齢者の就業率をみたのが**図表3-3**です。日本は25.2%で先進国の中で最も高くなっています。ただ、経済界は高齢者の就業率をさら

図表3-3　高齢者の就業率（2022年）

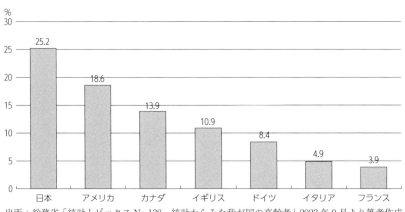

出所：総務省「統計トピックス No.138　統計からみた我が国の高齢者」2023年9月より筆者作成。

に上げるように要望していますし、政府も高齢者の就業を後押しする施策を展開しています[3]）。

　外国人技能実習生については、今国会（第213回国会）で「技能実習法（外国人の技能実習の適正な実施及び技能実習生の保護に関する法律）」が「育成就労法（外国人の育成就労の適正な実施及び育成就労外国人の保護に関する法律）」に改正されました。この趣旨は、職場の異動を認めるなど、労働者としての位置づけを高めつつ、受け入れる産業分野の拡大を行い、人材確保を確実にしようとするものです。

2010年代の女性を対象にした労働政策

　さて、今までと同じように女性の就業率を上げる対策が異次元の少子化対策です。ただし若干の変化がみられます。20代の間、女性は正規雇用で働いています。しかし出産後、正規雇用では長時間労働が避けられず、子育て、家庭との両立が難しいため、いったん退職するか、非正規雇用に替わりました。子どもが大きくなってから再び働く場合、大半は非正規雇用です。またいったん非正規雇用になると正規雇用になることも困難です。**図表3－4**は男性、女性、年齢別に正規雇用の割合をみたものです。男性の場合、30代から50代で正規雇用の比率はほとんど変わりません。しかし女性は30代以降、正規雇用の割合が急減し、40代では50％以下になり、それ以降は非正規雇用の方が多くなります。これは子育てが一段落した後、非正規労働者として働く女性が増えたことを意味し、女性労働者を増やす対策としては成功したといえます。

　非正規雇用の場合、労働時間は短くなりますが、責任ある仕事が任されず、キャリア形成も進めにくくなります。また賃金、労働者としての権利も低くなります。正規雇用の場合、賃金は上がりますが、非正規雇用の場合はほとんど上がりません。この結果、非正規雇用の女

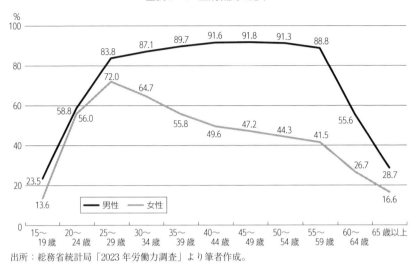

図表 3 - 4　正規職員の比率

男性: 23.5 / 58.8 / 83.8 / 87.1 / 89.7 / 91.6 / 91.8 / 91.3 / 88.8 / 55.6 / 28.7

女性: 13.6 / 56.0 / 72.0 / 64.7 / 55.8 / 49.6 / 47.2 / 44.3 / 41.5 / 26.7 / 16.6

横軸: 15～19歳 / 20～24歳 / 25～29歳 / 30～34歳 / 35～39歳 / 40～44歳 / 45～49歳 / 50～54歳 / 55～59歳 / 60～64歳 / 65歳以上

出所：総務省統計局「2023年労働力調査」より筆者作成。

性の大半は補助的な仕事、非熟練労働になります。2010年代、女性や高齢者、外国人技能実習生は不足する非熟練労働者を補う位置づけでした。その施策は成功したといえます。

女性を対象とした新たな労働政策

　しかし、15歳～64歳の男性正規労働者が減り続けています。そうすると補助的な仕事、非熟練労働以外に、幹部職員、高度な技術者、熟練労働者も不足しだします。その結果、そのような仕事を担当できる女性労働者が企業にとって必要になってきました。

　異次元の少子化対策ではヨーロッパと比べると不十分ではありますが、女性が働き続ける対策、たとえば、時短勤務、育児時短休業給付等が入っています。これは出産、育児の中でも正規雇用を継続し、キャリア形成を続ける女性を確保しようとしているからです。もちろんそのような希望を持つ女性が増えていますが、企業がそのような女性

を求めだしているため、女性のそのような希望を叶えようとしている
わけです。企業からみた場合、幹部候補生になることができる女性が、
子育てのために離職するのを避けたいという思いがあります。補助的
な仕事、非熟練労働に携わる女性を求めていますが、不足する幹部職
員、高度な技術者を女性に求めだしています。

　2024 年 6 月、日本経団連が「選択肢のある社会の実現を目指して─
女性活躍に対する制度の壁を乗り越える─」を発表しました。旧姓を
使う女性が増えていますが、海外事業などに携わる場合、旧姓使用が
障害になるため、夫婦別姓早期導入を求めた提言です。政府がどう対
応するかはわかりませんが、男性就業者の減少とともに、企業内で女
性の位置づけが急速に変化し、異次元の少子化対策はそのような変化
に対応したものといえます。

　もちろん、異次元の少子化対策は女性の就業者を増やす対策だけで
はありません。児童手当の拡充、こども誰でも通園制度など、若者や
ファミリー層が支持するような対策も盛り込まれています。

3　人口戦略会議提言の役割

「人口ビジョン 2100」の概要

　本章の最後に、1 章でみた人口戦略会議の提言に触れておきます。人
口戦略会議は 2024 年 1 月に「人口ビジョン 2100」を発表しています。
この提言は、2100 年までに日本の人口を 8000 万人で安定させるため
にまとめたものです。そのために「定常化戦略」と「強靭化戦略」の
二つを提案しています。定常化戦略は人口減少のスピードを緩和させ、
最終的に人口を安定させるため（定常化）の戦略です。強靭化戦略は、
現在よりも人口が減少しても成長力のある社会を築くための戦略です。

　定常化戦略の一つ目は、「若年世代の所得向上、雇用の改善」です。

ここでは若者の結婚や子どもを持ちたいという希望をかなえるためには、所得の向上、雇用の安定が最重要課題としています。また、ジェンダー問題の解決、中小企業における賃金引上げ、仕事と育児が両立できる環境整備、東京一極集中の是正、自治体における正規雇用の拡大などを提案しています。二つ目は、「共働き・共育ての実現」で、女性で増えている非正規雇用の改善、長時間労働の見直し等を指摘しています。三つ目は、「多様なライフサイクルが選択できる社会づくり」で、就労や育児の時期についての多様性の保障、高齢者の就労促進などです。四つ目は、「若い男女の健康管理」で、ライフサイクルの選択肢を広げるために若者の健康管理を進めるべきとしています。五つ目は、「安心な出産と子どもの健やかな成長確保」で、妊娠・出産・子育てまで一貫した伴走型支援、経済的支援の充実、出産育児一時金の引上げ、児童虐待への対応などです。六つ目は、「子育て支援の総合的な制度の構築と財源確保」で、予算の大幅な増額、安定財源の確保です。七つ目は、東京一極集中の是正で、東京一極集中を是正するために「多極集住型」の国土を目指すべきとしています。

「消滅可能性自治体」のリスト

　人口戦略会議は2024年6月に「令和6年・地方自治体『持続可能性』分析レポート」を発表しました。これは2014年5月に日本創生会議が発表した「消滅可能性都市」の分析を踏まえ、新たな方法で自治体の状況を分析したものです。2014年の分析で消滅可能性自治体に分類されたのは896自治体でした。今回の分析では744自治体になっています。

　人口規模別にみますと、人口5000人以上1万人未満の自治体で消滅可能性自治体に該当しているのは157自治体、66%、人口5000人未満では176自治体、62.2%、人口1万人以上5万人未満では351自治

体、51.3% です。5万人以上の自治体では、該当する自治体が少なくなり、5万人以上10万人未満では43自治体、17.8%、10万人以上30万人未満では、17自治体、8.6%、30万人以上の自治体には存在しません。

ブロック別にみますと、50% 以上の自治体が消滅可能性自治体になっているのは、東北（165自治体、76.7%）と北海道（117自治体、65.4%）です。40% 以上のブロックは、中四国（93自治体、46%）、近畿（93自治体、41%）です。それ以外の中部は109自治体、34.5%、関東は91自治体、28.8%、九州沖縄は76自治体、27.7% です。

日本創生会議と人口戦略会議

2014年5月に日本創生会議が消滅可能性都市リストを公表し、大きな話題になりました。政府は、2014年9月に「まち・ひと・しごと創生本部」を設置し、同年12月に「まち・ひと・しごと創生長期ビジョン」と「まち・ひと・しごと創生総合戦略」を策定し、地方創生への流れを作りました。

「消滅可能性都市」論は、地域が消滅するのではないかという危機感を持たせ、多くの自治体を地方創生に駆り立てる大きな役割を果たしました。また、政府が策定した総合戦略は、日本創生会議が発表した「ストップ少子化・地方元気戦略」の考え方を引き継いでおり、地方創生の内容にも大きな影響を与えました。

人口戦略会議は日本創生会議の後継版です。今回も消滅可能性自治体のリストを発表していますが、前回ほど大きなインパクトはありません。人口ビジョン2100は内容的に異次元の少子化対策と重なります。しかし異次元の少子化対策は、2023年12月に閣議決定された「こども未来戦略」で示されており、人口ビジョン2100の発表よりも先に決定されています。

人口戦略会議の一連の文章は、人口減少に対する問題意識を広げ、異次元の少子化対策を側面支援する位置にありますが、日本創生会議ほどの影響力は今のところみえません。また、日本創生会議の場合、自治体の消滅可能性リストを発表し、自治体を地方創生に駆り立てるという一貫性がありました。しかし、人口戦略会議の場合、自治体の消滅可能性リストを発表していますが、異次元の少子化対策は政府が進めるものであり、自治体を駆り立てるものではありません。

　人口戦略会議が2024年1月に発表した人口ビジョン2100は中間報告という位置づけです。2024年末には最終報告を出すとしているため、その内容をみないと最終的なことは言えませんが、政府が自治体版異次元の少子化対策のような方向を提起しない限り、注視する必要はありますが、日本創生会議のようなインパクトはもたらさないのではないかと思われます。

注
1　出入国在留管理庁「出入国管理統計統計表」。
2　総務省「統計トピックス NO.138　統計からみた我が国の高齢者」2023年9月。
3　日本経団連「高齢社員のさらなる活躍推進に向けて」2024年4月。

第 **4** 章

こども誰でも通園制度は撤回すべき

　児童手当の拡充とこども誰でも通園制度の創設が、異次元の少子化対策の国民向けアピールの柱といっていいでしょう。新たに創設されるこども誰でも通園制度とは何か、子どもにとって望ましい内容なのか、急いで財源を確保しなければならないほど緊急性の高い事業なのかどうかをみます。

1　こども誰でも通園制度の概要

こども誰でも通園制度の目的

　こども誰でも通園制度は、0〜2歳児で保育所などに通っていない子どもを対象にするものです[1]。その意義は以下のように説明されています。一つは、子どもの成長の観点です。在宅の子どもに対して、子どもの育ちに適した人的、物的、空間的環境の中で、家庭とは異なる環境を経験し、家族以外の人、同じような年齢の子どもと関わる機会を保障することです。

　もう一つは、保護者にとっての意義です。在宅で子育てをしている保護者の孤立感や不安感を、専門家とのつながりを通じて解消したり、一定時間、子どもと離れて過ごすことで育児に対する負担感の軽減を図ることです。

　最後は、保育所等の多機能化の観点です。保育所利用者が減る時代

に、保育所等が地域で暮らすすべての子どもの育ちの拠点になるように、保育の必要性のない子どもを受け入れ、保育所等の多機能化を進めることです。

こども誰でも通園制度の概要

　こども誰でも通園制度は、現在検討中ですが、おおよそ以下のような制度を想定しています。子ども・子育て支援制度に、「乳児等のための支援給付」を創設します。そして、保育所などを利用していない0歳6か月から3歳未満の子どもを対象に、月10時間以内で、保育所や認定こども園、幼稚園等に子どもを預けることができるようにします。こども誰でも通園制度を実施する事業者は、市町村が設備運営基準に対する適合等を審査し、認可します。そして、市町村による指導、勧告等を設けます。また、市町村は、子ども・子育て支援事業計画において、こども誰でも通園制度の必要定員総数等を定めるようにします。

　利用する際は、市町村が調整を行うのではなく、契約は利用者と事業者が結ぶ直接契約で、利用料金は事業者が徴収します。職員配置等は現行の一時預かりと同じ基準です。

　利用方法は、定期利用と自由利用があります。定期利用は、事業者、曜日、時間を固定し、定期的に利用する方法です。たとえば、月曜日の9時〜11時30分までなど、利用日時を決め、同じ事業者を利用する方法です。自由利用は、事業者、曜日、時間帯を固定せず、そのつど申し込んで利用する方法です。もちろん、自由利用と定期利用を組み合わせて利用することも可能です。

　実施方法は、一般型（在園児と合同）、一般型（専用室独立実施）、余裕活用型の三種類あります。一般型（在園児と合同）は、保育所の定員とは別にこども誰でも通園制度の定員を決めますが、専用スペースは設けずに在園児と合同で保育する方法です。一般型（専用室独立実

施）は、保育所の定員とは別にこども誰でも通園制度の定員を決め、専用スペースも設け、基本的に在園児とは別々に保育する方法です。余裕活用型は、保育所利用者が保育所の定員を下回っている場合、定員の範囲内で受け入れる方法です。たとえば、0歳児の保育所定員を6名にしていますが、4名しか利用者がいない場合、こども誰でも通園制度を利用する子どもを毎日2名まで受け入れ、在園児を一緒に保育します。

　事業者として想定しているのは、保育所、認定こども園、小規模保育事業、家庭的保育事業、幼稚園、地域子育て支援拠点事業です。

　子どもの情報（アレルギー、健康状態、発達の状況、食事の状況、排泄の状況、好きな遊びなど）は利用者があらかじめ入力し、利用者の同意を得たうえで、予約先事業所と共有します。また、子どもを預かった事業者は日々の記録を作成し、市町村、事業者間（複数の事業所を利用する場合）で、利用者の同意を得たうえ共有します。これらの情報は、こども家庭庁が作成するシステム上で行えるように検討するようです。

　利用者が払う利用料金は1時間300円を想定しています。それに交付金550円が加算され、1時間あたり850円が事業者に渡ります。

　システムは国が整備し、自治体、事業者、利用者が利用する形になります。今のところ図表4-1のイメージ図しか発表されていませんが、おそらくコロナワクチンを受ける際のシステムに似たものではないかと思います。以下は筆者の推測です。利用者は市町村から交付された利用者番号を使ってスマホなどからシステムにアクセスします。認可された事業者は受入れ条件、受入れ可能人数等の情報をシステムに載せます。利用者が利用したい市町村名を入力すると、市町村内の事業者一覧が表示されます。もしくは、利用希望日を入力すると、近くで受入れ可能な事業者一覧が表示されるかもしれません。そして詳細を

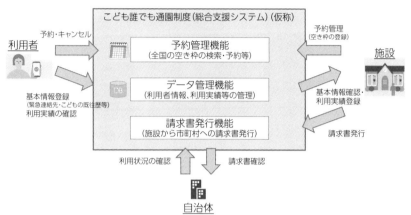

図表4-1 こども誰でも通園制度、システム構築のイメージ図

知りたい事業者名をクリックすると、事業者の詳細な情報が表示されると同時に、受入れ可能日時、受入れ可能人数等が表示されます。利用者の希望する日時に合致すれば、そこをクリックします。その希望はシステム上で事業者に届き、事業者が子どもに関する情報、別の事業者が作成した日々の記録を確認し、受入れ可能と判断した場合、予約確定メール（LINE）を利用者に送ります。そのメールには、利用するにあたっての注意事項、料金、キャンセルポリシーなどが書かれており、利用者が「同意」をクリックしたら契約成立になります。利用料金はオンライン決済だと思います。

　スケジュール的には、2024年度から一部の自治体で試行的に導入し、2026年度にはすべての自治体で実施する予定です。2024年4月26日時点で115自治体が、2024年度にこども誰でも通園制度を試行的に実施する予定です[2]。

2　こども誰でも通園制度の問題点

子育て支援における市町村の役割が後退

　保育所等を利用していない2歳以下の子どもがいる家庭で、育児不安等が増大しており、このような制度の趣旨には賛同できます。一見すると現行の一時預かり保育と同じようにみえますが、決定的に異なるのは制度の運用です。現在の一時預かり保育は、市町村事業として取り組まれ、市町村が地域の独自性を踏まえて実施しています。しかし、こども誰でも通園制度は、国が全国一律の事業として整備、展開し、市町村、事業者、利用者は、国が整備したシステムを使います。このようなシステムを政府が作り、すべての地域で運用すると、市町村の役割が大きく後退します。

　少子化対策、子育て支援を地域で具体的に展開する場合、地域や家庭の状況を最もよく知っている市町村が中心になって進めなければなりません。その市町村がこども誰でも通園制度では補助的な位置に追いやられます。

子どもは適切な保育を受けることができるのか

　現在の一時預かり保育の場合、利用するにあたって、保育所は事前に保護者、子どもと面談するのが普通です。しかし、こども誰でも通園制度では、そのような事前の面談は想定されていません。もちろん慣らし保育などは想定外です。また、自由利用の場合は、コロコロと利用する子どもが入れ替わり、その何割かは初めての子どもになるでしょう。保護者が記入した情報等をみるだけで、面談なし、慣らし保育もないという状態で、きちんとした保育が提供できるのでしょうか。

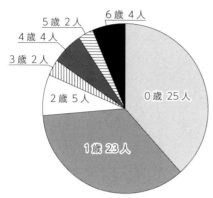

図表4−2 年齢別、死亡事故の発生件数
2015年〜2022年の合計

5歳 2人
6歳 4人
4歳 4人
3歳 2人
2歳 5人
0歳 25人
1歳 23人

出所：こども家庭庁「教育・保育施設等における
事故報告集計」より筆者作成。

きちんとした保育というより
も、重大事故の発生が懸念され
ます。**図表4−2**は2015年から
2022年までの8年間で、保育所、
幼稚園等で発生した死亡事故の
件数を年代別にみたものです。
一番多いのは0歳で25人（38.5
％）、二番目は1歳で23人（35.4
％）、三番目は2歳で5人（7.7
％）です。こども誰でも通園制
度の対象は0歳から2歳ですが、
就学前施設における死亡事故発
生件数の82.5％はこの年齢です。最も注意して保育しなければならな
い年齢層であるにもかかわらず、事前の面談なし、慣らし保育なしで
大丈夫でしょうか。

支援の必要な家庭、子どもに役立つのか

　子どもを保育所などに通わせていない家庭で育児不安が増大してい
るのは事実です。その中には虐待などに至るケースもあります。こど
も誰でも通園制度が、そのような家庭、子どもに役立つかどうかは疑
問です。ネグレクトになっている保護者がいたとします。そのような
保護者が安いとはいえ、1時間あたり300円支払って子どもを預ける
でしょうか。またわざわざ時間をかけてスマホで予約を取り、子ども
の正確な情報を入力するでしょうか。虐待している保護者の場合、子
どもを預かるだけでは解決しません。こども誰でも通園制度は一見す
ると便利そうですが、最も支援が必要な家庭に届くかどうか、疑問で
す。

保育所にとって問題は生じないのか

　実施方法は先にみたように三種類、想定されています。そのうちの二つは在園児との合同保育です。2歳児になりますと、集団保育を行いますが、自由利用の子どもが突然参加することで、保育内容に影響が出ないでしょうか。また余裕活用型の場合、保育士は通常保育をしながら、初めて保育所に来た子どもに対応しなければなりません。無理が生じないでしょうか。

　こども誰でも通園制度の場合、子ども一人、1時間につき850円が想定されています。一般型の場合、保育所はこども誰でも通園制度を担当する保育者を確保しなければなりません。朝から夕方まで利用する子どもがコンスタントに確保できれば経営的に成り立つかもしれません。しかし、時間帯によっては子どもが少ない、曜日によっては定員が空いているなどのアンバランスが生じますと、赤字になる可能性もあります。予約状況によって保育者の勤務時間を変えるようなことをすると、保育者の確保が難しくなるでしょう。

　幼稚園や認定こども園が1号認定の子ども[3] を早く囲い込みたい、そのような意図でこども誰でも通園制度を実施するのであれば、経営的な意味があります。しかし、こども誰でも通園制度が保育所経営の安定化に資するかどうかは疑問です。

3　自治体DXとしてのこども誰でも通園制度

保育所入所業務への展開

　政府はこのシステムをこども誰でも通園制度に止めるつもりはありません。こども家庭庁は、デジタル行財政改革会議に、保活ワンストップシステムの全国展開に関する計画を提出しています[4]。これは全国の保育所入所申請、入所決定に、政府が作ったシステムを活用する

計画で、こども誰でも通園制度で作る新たなシステムと同じようなシステムを保育所全体に広げようとするものです。その目的は、市町村の入所業務の効率化、保護者の入所申請等に関する負担軽減、入所決定までの通知期間短縮などです。

　保育所の入所については市町村が地域の実需を考慮し、さまざまな工夫を行っています。しかし、このようなシステム導入にあたって、こども家庭庁は入所申請の標準化等が必要としています。市町村の個別事情を加味しながら全国的なシステムを作るのは不可能に近く、このようなシステムが導入されますと、地域性や歴史性は無視されるでしょう。

　今のところ各市町村が行っている入所業務を、政府が作成するシステムに置き換える計画です。現状では、保護者が市町村に入所申請を行い、保護者の希望、個別事情等を加味して、どの子どもをどの保育所に入所させるかを市町村が決めています。また、私立保育所に入所する場合でも、入所の契約は、市町村と保護者で交わします。しかし、保育所利用者の減少とともに待機児童が減っています。待機児童がほぼなくなり、政府が作るシステム上でマッチングできるようになると、こども誰でも通園制度と同じようにシステム上で契約を完結させることができます。そうすると私立保育所の場合、保護者は市町村と契約を結ばず、私立保育所と契約を結ぶように変わるでしょう。いわゆる直接契約です。保育所は児童福祉法第24条第1項に位置づけられていますが、デジタル化の導入によって、保育所を児童福祉法第24条第2項に位置づけ直す動きが出てくると思います。

急いで導入する必要性はまったくない

　政府は、国民生活などに関わるさまざまな問題をデジタル化によって解決するとしています。デジタル化は市民の利便性を高める面もあ

60

りますが、それを進めるための標準化、地域独自性の低下が起こります。また、そのような全国一律のシステムを作ることで、市町村の役割が大きく後退します。異次元の少子化対策にもその考え方、すなわちデジタル化によってさまざまな問題を解決できるという考え方が導入されており、その典型がこども誰でも通園制度です。さらにそのシステムを保育所そのものに導入し、公的保育の後退まで波及しそうです。

　確かにスマホで一時的に子どもを預ける施設を探すことができれば便利かもしれません。しかしこのシステムでは、本当に支援が必要な家庭や子どもには、支援の手が届きません。明後日、ランチ会が入ったから急遽その時間帯だけ子どもをどこかに預けよう、急に知人と会うことになったので、子どもを預かってくれる保育所を探そう、そのような保護者には便利でしょう。しかしその利便性と引換えに、子どもを危険にさらすかもしれません。またこの制度が少子化の克服に役立つ可能性はほぼないといっていいでしょう。制度がもたらす弊害、制度の効果を踏まえますと、急いで導入する必要はなく、こども誰でも通園制度は撤回すべきです。

注
1　こども誰でも通園制度（仮称）の本格実施を見据えた試行的事業実施の在り方に関する検討会「こども誰でも通園制度（仮称）の本格実施を見据えた試行的事業実施の在り方に関する検討会における中間取りまとめについて」2023 年12 月。
2　こども家庭庁「こども誰でも通園制度（仮称）の本格実施を見据えた試行的事業実施自治体一覧」2024 年 4 月。
3　3〜5 歳で保育を必要としない子ども。
4　デジタル行財政改革会議（第 3 回）配付資料 6「子育て・児童福祉分野におけるデジタル行財政改革の方向性」2023 年 12 月。

第 **5** 章

どのような少子化対策を進めるべきか

　政府が少子化対策を進めているにもかかわらず、なぜ出生率が下が
り続けているのかを考えます。その上で、政府が進めるべき少子化対
策の基本方向をまとめます。少子化対策は国と自治体が両輪で進めな
ければなりません。多くの自治体が、この間、取り組んできた少子化
対策を紹介します。

1　少子化対策が失敗し続けてきた理由

なぜ政府の少子化対策は失敗し続けてきたのか

　政府が進めてきた少子化対策、子育て支援の目的は、女性の就業率
を高めること、少子化対策に取り組んでいるポーズを、若者、ファミ
リー層に示しつつ、若干の改善を行うことでした。前者についてはそ
れなりに成功し、女性の就業率は上がりました。後者については、少子
化の原因である新自由主義的な政策やジェンダーギャップ、長時間労
働、東京一極集中など、国政の根幹に関わる政策には手を付けず、そ
れと矛盾しない範囲での対策になり、抜本的な改善はできていません。
　その結果、若者の将来展望や女性の就労と育児の両立など肝心な点
はほとんど改善されないままで、女性の就業率が上がりました。女性
の就業率が上がっているにもかかわらず、女性の就労と育児の両立な
どを抜本的に改善しなければ、出産、子育てを巡る事態は悪化し、そ

の矛盾は合計特殊出生率の低下という形で表面化します。

　この間、政府が進めてきた少子化対策、子育て支援は、このようなことを繰り返してきました。政府の少子化対策、子育て支援が、目的とは正反対に合計特殊出生率の悪化を引き起こしてきたととらえるべきです。

異次元の少子化対策は撤回すべき

　異次元の少子化対策は、従来と同じで女性の就業者を増やすための対策であると同時に、少子化の根本的な問題には手を付けずに、若者、ファミリー層の支持を得るための対策です。このような少子化対策では、少子化問題を解決できるとは思えません。それどころか異次元の少子化対策では、一部の女性を幹部候補生と位置づけ、それを進める対策を含めているため、出産、子育てを巡る状況はさらに悪化するでしょう。

　そもそも政府は長年、少子化対策を進めてきましたが、少子化対策を新自由主義的な政策と調和する範囲で進めてきたといえます。1960年代から70年代にかけて、公害が深刻な問題になりました。しかし、政府が進めた公害対策は、経済と調和する範囲に限定したため大きな成果を生むことができませんでした。少子化対策も同じで、新自由主義的な政策に手をつけないという前提を改める必要があります。

2　国レベルでどのような少子化対策を進めるべきか

少子化対策の大前提

　少子化対策のあり方を考える前に大前提を確認しておきます。少子化対策は重要ですが、子どもを産むかどうかは本人が決めるべきことであり、政府が指示するものではありません。また、子どもを産まな

いと決めても批判されるものではありません。

　一方、子どもを産みたいけれど社会的、経済的問題によって、産むのを控えている方が多数おられます。このような方々が安心して子どもを産み、育てられるような社会にすることは重要です。

　また、女性の社会進出を保障し、就業率を上げる対策も重要です。そのためには、女性の就業と育児の両立など、根本的な対策を同時に進めなければなりません。

少子化対策の基本方向

　少子化対策で最も重要なことは、新自由主義的な労働政策を抜本的に見直すことです。とくに非正規雇用を増やしてきた政策を撤回し、期限のない雇用を基本にすべきです。また、実質賃金が上がっていない状況を改善する必要があります。まず、最低賃金を国全体で統一し、大幅にあげるべきです。また、政府の判断で賃上げが可能な仕事、公務員、福祉労働者、医療関係者などの賃金を抜本的に改善すべきです。また、企業に賃上げをお願いするのではなく、賃上げを進める企業に対する優遇措置、中小企業に対する支援を具体的に進めるべきです。これらを通じて、若者が自分自身の将来に展望を持てるようにすべきです。

　女性の就労と育児の両立が重要です。とくに本人の意向に沿って選択できるようにすべきです。育休を取らずに職場復帰を希望する方、子どもが０歳の間は育休をとる方、子どもが３歳になるまで育休を希望する方、もちろん育休を取得するのは男性、女性に限りません。このような本人の希望に沿って選べる制度を整えることが重要です。また、子どもが小学生になるまでの時短勤務制度なども整えるべきです。そして、育休時、時短勤務時の所得補償、育休後の職場復帰の保障、中小企業に対する支援措置なども重要です。男性の意識改革も必要で

すが、そのためには後で述べる働き方改革が不可欠です。長時間勤務、残業野放しの状態で、男性も家事、育児を担うべきといっても実効性がありません。

働き方改革も重要です。子育て世代に限定せず、長時間労働、残業に対する規制を強化すべきです。男性、女性を問わず、勤労者全体の働き方を見直す中で、子育て世代の働き方を見直すべきです。子どもが３歳、もしくは小学生になったら長時間労働に戻るようでは、子育てと仕事を両立させるのが困難です。残業が当たり前の職場で、子育てのために自分だけ残業を免除されるのは勇気が必要ですし、同僚の残業を増やすことに繋がりかねません。女性が幹部社員、高度な技術者として働き続けるためには、子育て期に限らず、長時間労働、長時間残業などをなくさなければなりません。お父さんもお母さんも残業に明け暮れているようでは、家庭が崩壊します。

東京一極集中も抜本的な改善策が必要です。そのためには第一次産業、再生可能エネルギー、観光、医療、福祉、教育などを軸に、地方で安定した雇用を作り出さなければなりません。若者が地方で暮らし、地方で子育てする条件を整えなければなりません。一方、東京集中政策をやめるべきです。規制緩和、高規格道路などのインフラ整備は抜本的に見直すべきです。

教育費の自己負担軽減は重要です。しかし異次元の少子化対策では高等教育費の無償化を多子世帯に限定しようとしています。これは教育の機会均等という大前提に反します。一人っ子であっても保護者の所得に関係なく高等教育を受ける権利があります。また、理工農系の学生に対して奨学金制度の拡充が実施されました。これも機会均等に反します。高等教育費の負担軽減は少子化対策として重要ですが、保護者の所得に左右されず、人文社会科学系も含めて教育を受けることができるようにするという視点が必要です。現状では、保護者の所得

によって子どもが受ける教育に格差が生じています。それを是正することが重要ですが、少子化対策の名のもとに新たな格差を持ち込むのは避けるべきです。高等教育費の個人負担軽減は多子世帯や理工農系の学生に限定せずに進めるべきです。

財源は大手企業、富裕層に求めるべき

　少子化対策を本格的に進めるためには財源が必要です。異次元の少子化対策ではその財源を、子ども・子育て支援金制度、社会保障の歳出改革等、国民負担で確保しようとしています。

　図表5-1は企業の内部留保と実質賃金の伸びを比較したものです。2010年を100とした場合、内部留保は2022年には187.4まで2倍近く伸びていますが、実質賃金は93.3まで下がっています。その結果、2022年の内部留保は582兆円（全産業、全規模）まで膨らんでいます。

　庶民の所得は全く伸びていないにもかかわらず、政府はそこから少

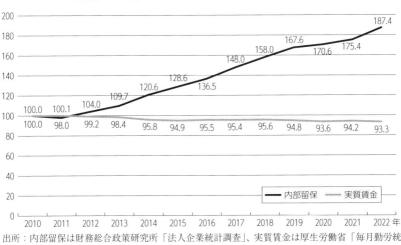

図表5-1　内部留保と実質賃金の推移（2010年＝100）

出所：内部留保は財務総合政策研究所「法人企業統計調査」、実質賃金は厚生労働省「毎月勤労統計調査」より筆者作成。

子化対策の財源を確保しようとしています。しかし、企業は膨大な内部留保をため込んでいるため、そこから財源を確保すべきです。政府の姿勢として、お金がないところから取るのではなく、お金があるところから取るべきです。

少子化対策では市町村の役割を重視すべき

　第4章でみましたが、こども誰でも通園制度は、市町村の役割を軽視する施策です。少子化対策は二つの視点で進めるべきです。一つは、先に述べたような新自由主義的な労働政策の見直し、女性の就労と育児の両立など、全国的視点での対策です。これらについては国が責任を持って進めるべきです。もう一つは、地域の実情に合わせた少子化対策、市民の状況を踏まえた少子化対策です。これは市町村が中心になって進めるべきです。

　たとえば、保育環境の充実は重要な課題です。しかしどのように進めるかは地域の実情に応じて考えるべきです。たとえば、少なくなったとはいえ待機児童が存在する地域があります。そのような地域では待機児童の解消を優先させなければなりません。一方、定員が埋まらない保育所が増えている地域では、保育所の統廃合を進めるのではなく、ゆとりを持った保育が展開できるようにすべきです。また、子育て困難な家庭への対応が重要です。異次元の少子化対策に含まれている妊婦・子育て家庭への伴走型相談支援等は進めたらいいと思います。ただし、全国画一にするのではなく、市町村が実施しているさまざまな施策との整合性を踏まえて具体化を図るべきです。また、こども誰でも通園制度のような保護者任せのマッチングシステムでなく、市町村が伴走型相談支援などをはじめ、さまざまな方法によって子育て困難な家庭を把握し、必要な施策に繋げるようにすべきです。そのためには、国は市町村の役割を重視し、市町村が必要な人材を確保できる

ような予算措置を進めるべきです。

3　地域から進める少子化対策

市区町村における合計特殊出生率のばらつき

　市区町村別の合計特殊出生率をみますと、かなり差があります。**図表5-2**は市区町村別に合計特殊出生率の分布をみたものです。全国平均は1.33で、最も多いのは1.3〜1.4で413市区町村です。また、2以上の市区町村は11、1.5以上2.0未満は534です。反対に1未満の市区町村は24です。

　一般的に、九州、沖縄の合計特殊出生率が高く、大都市部は低くなっていますが、市区町村によってかなりばらつきがあります。自治体が実施している少子化対策の違いが、この差をもたらしている唯一の理

図表5-2　市区町村別合計特殊出生率の分布

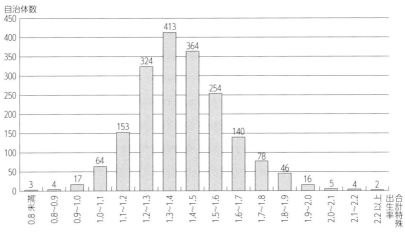

注：合計特殊出生率は2018年から2022年の平均。政令指定都市の行政区も含む。そのため調査
　　対象は市区町村数は1896であるが、福島県、熊本県の一部は除いたため1887市区町村の数
　　値である。
出所：厚生労働省「人口動態統計特殊報告」より筆者作成。

由とはいいません。しかし、自治体によって少子化対策にはかなりの差があります。少子化対策は国と自治体が両輪で進めなければなりません。自治体レベルでは先駆的な取組みがいくつか行われており、このような試みから学ぶことが重要です。

子育てに関する経済的負担の軽減

①奨学金制度

　まず、多くの自治体が行っているのは子育てに関する経済的負担の軽減です。その中で大きな比重を占めるのは、教育費の負担軽減です。さまざまな種類があり、その中に自治体独自の奨学金制度があります。日本は高等教育費の個人負担が多く、本来は国の政策で個人負担を減らすべきですが、それを待たずに自治体が独自で奨学金制度を作り、個人負担を減らしています。図表5－3は独自の奨学金制度を持っている市町村数を都道府県別にみたものです。このデータは日本学生支援機構のwebサイトに登録されているものであり、大学生等が主たる対象ですが、高校生に対する奨学金も含まれています。都道府県内の市町村数は異なりますが、北海道内は29市町村が奨学金制度を持っています。奨学金制度を持っている市町村数が10を超えているのは、埼玉、秋田、千葉、栃木です。市町村が持っている奨学金制度の制度数をみますと、最も多いのは栃木県宇都宮市で28制度、次いで埼玉県川越市で26制度です。数が多い市町村は、学生の状況に対応した細かな制度を持っているといえます。

　奨学金には、給付（返済不要）、貸与（無利子）、貸与（有利子）の3種類あります。国際的には給付が基本ですが、日本は貸与の方が数的に多くなっています。そのような状況ですが、81市町村が給付型奨学金制度を持っています。金額や条件はさまざまですが、北海道網走市は入学一時金25万円、月額8万円〜20万円。沖縄県那覇市は、入

学一時金上限28万2000円、授業料年額上限72万円、施設費年額上限20万円。福岡県大野城市（のじょうし）は入学一時金30万円、月額5万円、北海道恵庭市（えにわし）は入学一時金10万円、月額5万円。神奈川県藤沢市は、入学金相当額15万円、学費相当年額上限40万円です。群馬県沼田市は月額10万円以内、香川県三豊市（みとよし）は月額5万円、茨城県常陸大宮市（ひたちおおみやし）は月額3万円〜5万円、青森県八戸市、長野県小諸市は月額4万円、埼玉県川越市は月額3万7500円、岩手県矢巾町（やはばちょう）、栃木県栃木市は月額3万円〜4万円、熊本県菊池市は年額30万円〜60万円、愛知県豊橋市は年間30万円〜40万円、兵庫県宍粟市（しそうし）は月額2万円〜4万円、長野県大町市、長野県諏訪市、岐阜県瑞浪市（みずなみし）、兵庫県尼崎市、鳥取県浜田市は月額3万円です。市町村の財政規模はさまざまですが、先に紹介した市区町村はかなり充実した奨学金制度を持っているといえます。

図表5-3　奨学金制度のある市町村数

	都道府県名	市町村数
1	北海道	29
2	埼玉	14
3	秋田	13
4	千葉	11
5	栃木	11
⋮	⋮	⋮
41	石川	1
41	福井	1
41	和歌山	1
41	鳥取	1
41	高知	1
41	宮崎	1
47	奈良	0
	合計	272

出所：独立行政法人日本学生支援機構のwebサイトより筆者作成。データ検索したのは2024年6月。

②保育料軽減措置

　保育料の軽減措置も取り組まれています。2019年10月から、3歳児以上については保育料が無償化され、0〜2歳児で住民税非課税世帯も無料になりました。これは国の制度のため、すべての市町村で実施されています。また、第二子は半額、第三子は無料になっています。ただしこれは、保育所に通っている子どもの数でカウントします。そのため、第二子が1歳で保育所に通っていても、第一子が小学生の場合は、第二子とみなされません。例外措置として、所得階層の低い世帯は小学生以上の子どもをカウントに含めることができます。

図表5-4　中国地方で保育料無償化を実施している市町村

広島	なし
山口	周防大島町、上関町、阿武町
岡山	井原市、備前市、美作市、矢掛町、新庄村
島根	奥出雲町、飯南市、川本町、美郷町、津和野町、吉賀町、知夫村
鳥取	若桜町、智頭町、日南町、日野町、江府町

出所：中國新聞デジタル 2023 年 12 月 17 日付より筆者作成。

図表5-5　大阪府内で保育料の独自軽減施策を実施している市町村
（2023 年 6 月 1 日時点）

内容	市町村数	市町村名
第二子の保育料を無償化	7	堺市、枚方市、豊中市、泉南市泉佐野市、四条畷市、河南町
全年齢の保育料を無償化	2	守口市、千早赤阪村
多子軽減のカウントで所得制限を撤廃	2	交野市、羽曳野市
第一子の保育料を半額、第二子の保育料を無償化	1	岬町
2 歳児保育料を無償化	1	八尾市
計	13	

出所：吹田市「大阪府内で保育料の独自軽減施策を実施している市町村」より
　　　筆者作成。

　この国の制度を独自に充実させている市町村が増えています。たとえば、中国新聞の調査によりますと、中国地方5県にある市町村で、**図表5-4**に上げた 20 市町村が 2 歳児以下の保育料を子どもの数に関係なくすべて無料化しています。また、吹田市の資料によりますと大阪府内の 13 市町村が**図表5-5**のような独自の軽減措置を実施しています。2 市村は 2 歳児以下の保育料を無償化し（3 歳児以上は国の制度で無償化）、それ以外には 7 市町村が第二子の保育料を無償化（国の制度では半額）しています。

③給食費無償化

　最近は自治体の判断で給食費を無償化する試みが広がっています。完全給食の実施率は、公立小学校で99.5％、公立中学校で97.1％です[1]。学校給食法では、学校給食に従事する職員の給与、給食実施に必要な施設、設備費等は行政等が負担し、食材費は保護者負担になっています。給食費の月額平均は、小学校で4688円、中学校で5367円です。1794教育委員会（都道府県、市区町村、事務組合）のうち、2023年9月時点で給食費の無償化を実施していたのは722教育委員会です。また、722教育委員会のうち、小・中学校全員を対象に無償化しているのは547教育委員会、それ以外は要件を満たす子どものみ無償化しています。要件で最も多いのは多子世帯です。義務教育は無償ですが、実際は給食費、修学旅行費、制服代など、さまざまな個人負担があります。このような個人負担を減らす試みが各自治体で取り組まれており、その典型が給食費です。無償化することで教職員の業務軽減にもつながります。文部科学省の試算では、小中学校の給食費無償化に必要な財源は、全国で年間4832億円です[2]。この程度の金額であれば、本来は国の施策として無償化を進めるべきですが、自治体がそれを待たずに無償化進めることは高く評価できます。

④通学費助成制度

　子どもの通学費助成制度に取り組んでいる自治体も増えています。とくに高校生の場合、バスや電車などの公共交通を使って通学する生徒が多くいます。距離が遠くなると交通費がかなりかさみます。また、郊外にある市町村の場合、通学時間がかかる、交通費が高いなどの理由で、子どもの高校入学と同時に、家族全員で高校のある市町村に転居する場合があります。そのような転出を防ぐために、通学費の助成制度を設けている自治体もあります。通常の助成制度は定期代の半額を助成、一定金額を超える部分についての助成等が多くなっています。

それに対して神戸市は2024年9月から、神戸市在住の高校生が神戸市内の高校に通う場合、通学定期代を全額補助すると決めました。

通学費助成制度の実施主体は市区町村ですが、鳥取県は「鳥取県高校生通学費助成事業」を実施しています。これは市町村が通学費を助成する場合、鳥取県が経費の半額を負担する事業です。市町村には財政力に差があり、市民に役立つ施策であっても、市町村単独事業では展開しにくい場合がります。広域自治体である県がそのような差を是正し、市町村が事業を展開しやすくなるように条件整備を行った事業です。

⑤医療費助成制度

教育費関係以外では、医療費に対する助成が多く取り組まれています。2023年4月1日時点で、すべての市区町村（1741自治体）が子ども医療費助成制度を実施しています。図表5−6は、市町村が実施しているこども医療費助成制度の対象年齢をみたものです。一番多いの

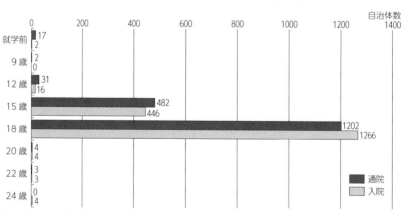

図表5−6　こども医療費助成制度、対象年齢

注：9歳は、9歳になった年度末までを意味する。
出所：こども家庭庁「こども医療費に対する援助の実施状況（2023年4月1日時点）」より筆者作成。

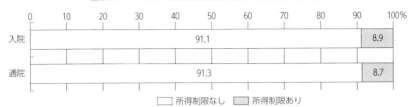

図表5-7　こども医療費助成制度、所得制限の有無

出所：図表5-6と同じ

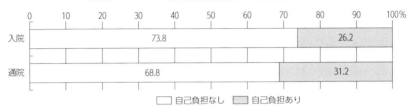

図表5-8　こども医療費助成制度、自己負担の有無

出所：図表5-6と同じ

は18歳までで、通院は1202市区町村（69.1%）、入院は1266市区町村（72.7%）です。次いで多いのは15歳までで、通院は482市区町村（27.7%）、入院は446市区町村（25.6%）です。**図表5-7**は所得制限の有無をみたものです。所得制限なしが、入院で91.1%、通院で91.3%です。**図表5-8**は、自己負担の有無をみたものです。自己負担なしが、入院で73.8%、通院で68.8%です。

国には子ども医療費助成制度がありません。その中で、すべての都道府県が子ども医療費助成度に関する事業を行い、子ども医療費助成を実施する市区町村に財政支援しています。多くの市町村は都道府県の事業に上乗せして事業を展開しています。たとえば、都道府県の制度では通院時、自己負担なしは21.3%ですが、市町村では68.8%が自己負担なしです。都道府県の制度を拡充した場合、その部分については市区町村の自己負担になります。

さて、市区町村のうち15歳までを自己負担なしにしているのは通院

で 99.6％、入院で 99.4％ です。この状況をみますと、本来は国の制度で、15 歳までは所得制限なしで無料にすべきだと思います。ところが国は無料にすると受診する子どもが増え、一人当たり医療費が上昇するのでないかと考えているようです[3]。無料になったから医者に行く子どもが増えるとは考えにくく、むしろ費用を心配せずに医者にかかることができるため、重症化を防ぎ、早期発見を可能にし、医療費は全体として抑制されるのではないかと思います。

⑥子育てにかかわる継続的な経済支援

　異次元の少子化対策で妊娠届時と出生届時に各々5 万円相当の経済的支援を行います。それに加えて継続的な経済支援を行っている自治体が存在します。茨城県境町は、第三子以降の子どもに対して、出産後 2 か月目に 20 万円、3 歳の誕生日に 10 万円、6 歳の誕生日に 20 万円、合計 50 万円を支給しています。大分県豊後高田市は、第三子に対して、1 歳、2 歳の誕生日に各々20 万円、計 40 万円を支給、第四子については、第三子の支給に加え 3 歳の誕生日に 30 万円、計 90 万円を支給、第五子以降は第四子の支給に加え 4 歳、5 歳の誕生日に各々30 万円、6 歳の誕生日には 40 万円、計 190 万円を支給します。

子育て環境の整備

①保育環境の改善

　地域の子育て環境改善に取り組んでいる市町村も多くあります。その一つは保育環境の改善です。日本の保育所の保育環境はヨーロッパと比べるとかなり劣っています。とくに一人の保育士が担当できる子どもの上限には大きな差があります。日本は一人の保育士が担当する子どもの数がヨーロッパの 2 倍から 3 倍になっており、きめ細かな保育が困難で、保育士の負担も大きくなっています。異次元の少子化対策では、第 2 章でみたように 75 年ぶりに配置基準が改善されます。

国がなかなか基準を改善しなかったため、市町村が独自に基準の改善を進めています。NHK首都圏ナビによると、埼玉県内で調査した15市のうち、国の基準で運営していたのは2市で、それ以外の13市は国の基準を上回る市独自の基準で保育所を運営していました[4]。中でも富士見市は、1歳児、3歳児、4歳児、5歳児で国の基準より高い市独自の基準を設定しています（**図表5-9**）。東京23区はすべて国の基準より高い基準で運営しており、それ以外に調査した22市のうち、国基準で運営していたのは2市で、それ以外の20市は国の基準より高い市独自の基準を設定しています。同じように千葉県内で調査した13市のうち、国の基準で運営していたのは4市、それ以外の9市は国の基準よりも高い市独自の基準を設定しています。また、神奈川県内で調査した12市はすべて国の基準よりも高い市独自の基準を設定しています。中でも横須賀市は、全年齢で国の基準より高い市独自の基準を設定しています（**図表5-10**）。

図表5-9　富士見市の保育士配置基準（2022年度時点）

	富士見市	国基準
0歳児	3：1	3：1
1歳児	4：1	6：1
2歳児	6：1	6：1
3歳児	13：1	20：1
4歳児	18：1	30：1
5歳児	25：1	30：1

注：網掛けは富士見市の基準が国より優れている年齢。
出所：NHK首都圏ナビ首都圏ネットワーク「保育士配置に"自治体格差"あなたの地域は？」2022年10月21日より筆者作成。

図表5-10　横須賀市の保育士配置基準（2022年度時点）

	横須賀市	国基準
0歳児	2.57：1	3：1
1歳児	4.5：1	6：1
2歳児	5.2：1	6：1
3歳児	18：1	20：1
4歳児	27：1	30：1
5歳児	27：1	30：1

注：網掛けは横須賀市の基準が国より優れている年齢。
出所：図表5-9と同じ。

劣悪な保育環境、教育環境では子どもに負担がかかります。子どもにストレスが増えると家庭での子育てにも影響が出ます。保育環境の改善で最も重要なのは、一人の保育士が担当する子どもの数です。現場の状況を理解している多くの市町村が、配置基準の改善を独自に進めています。異次元の少子化対策では、75年ぶりに配置基準が改善さ

れますが、それにとどまらず、さらなる改善を進めるべきです。

②保育士の処遇改善

保育士不足が深刻化しています。求人を出しても集まらず、保育士が足りないため、子どもを定員まで取ることができない保育所が多数あります。また、異次元の少子化対策で配置基準が改善されていますが、保育士を増やすことができず、配置基準を改善できない保育所があります。全国1万2000程度の保育所に調査したところ、新たな基準通り保育士を配置できず、実施できる時期もわからないと回答した保育所が30%に上っています[5]。

保育士不足の大きな原因は、仕事に見合った賃金が保障されていないことです。図表5-11は職種別の賃金をみたものです。全職種の平均は31.8万円、保育士は26.4万円で、平均より17%低くなっています。

保育士の賃金の基本は国が定めています。その基本が低いため実際の賃金も低くなります。そこで保育士の賃金を上げるために独自の制

図表5-11 職種別賃金（月）

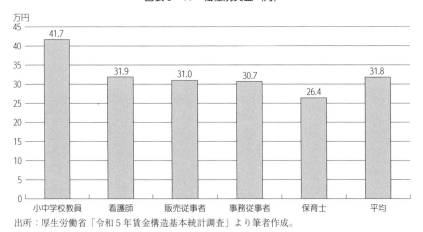

出所：厚生労働省「令和5年賃金構造基本統計調査」より筆者作成。

度を作っている市町村があります。千葉県松戸市は市内の私立保育所で働く常勤保育に対して一人当たり月4万5000円〜7万8000円、千葉県浦安市は月4万3000円〜6万円、千葉県流山市は月4万3000円、千葉市、茨城県つくば市は月3万円、千葉県船橋市は年58万7800円、埼玉県さいたま市は年19万3500円支給しています。

待機児童を抱えている市町村内で、市町村や保育所などが保育士のためにアパートなどを借り上げる場合、国が一定の補助金を出す事業があり、それに上乗せしている市町村もあります。また、奨学金を返済している保育士に対して返済費用の一部を補助、保育士が子どもを保育所等に預けて働く場合はその保育料の一部を補助、市内の保育所等で働くために転居してきた保育士に対して一時金を支給しています。

本来であれば、国が保育士の賃金水準を上げて、仕事内容にふさわしい賃金が支給できるようにすべきです。ただそれを待つことなくさまざまな工夫を市町村が独自に進めています。

③公共施設等を通じた子育て支援

ブックスタート事業は赤ちゃんに絵本を贈呈すると同時に、絵本についての話、読み聞かせ体験などをセットで提供する事業です。2024年2月時点で、全国の1106市区町村がブックスタート事業を実施しています[6]。また、本の贈呈だけを行っている自治体も含めますと1474市区町村になります。ブックスタートは、図書館、保健センター、子育て支援課、市民ボランティアなどさまざまな分野の方が連携して実施しています。

図書館による子育て支援も広く行われています。大阪府吹田市は、1歳児の幼児と保護者を対象に「抱っこで絵本講座」を実施しています。これは絵本の読み聞かせを学ぶ全3回の連続講座で、市内9図書館で各々年間、1〜2回実施されています。

また、学校や公共施設を活用した放課後講座などを実施している市

町村も多数あります。退職した教員や教員養成学部の学生等が、子どもの宿題や勉強を見る事業が多いと思います。

結婚、妊娠、出産支援
①出会い、結婚の支援

　日本の場合、結婚せずに出産する人は少なく、未婚の人の増加は、出生数の低下に繋がります。**図表5-12**は30歳～34歳の男性、女性別に有配偶者の割合をみたものです。1970年は配偶者のいる人が男性、女性とも90%近くでしたが、2020年には男性46.1%、女性57.4%にまで下がっています。ただし、30～34歳で未婚の男性の場合、いずれ結婚するつもりと答えた方は70.8%、女性は77.5%です。いずれ結婚すると答えた方に、結婚していない最大の理由を聞いたところ、男性、女性とも1番は「適当な相手にまだめぐり会わないから」で、男性は36.6%、女性は44.6%でした（**図表5-13、図表5-14**）。この答えに「異性とうまくつき合えないから」を足すと、男性は48.9%、女性は

図表5-12　有配偶者の割合（30～34歳）

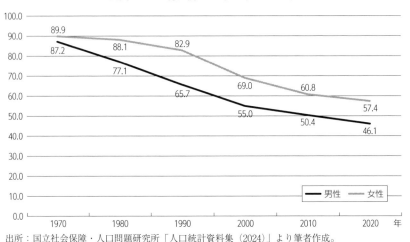

出所：国立社会保障・人口問題研究所「人口統計資料集（2024）」より筆者作成。

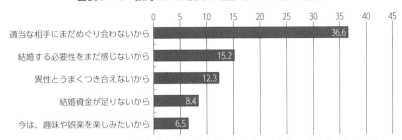

図表 5 - 13　独身でいる最大の理由（30～34 歳、男性）

適当な相手にまだめぐり会わないから	36.6
結婚する必要性をまだ感じないから	15.2
異性とうまくつき合えないから	12.3
結婚資金が足りないから	8.4
今は、趣味や娯楽を楽しみたいから	6.5

出所：国立社会保障・人口問題研究所「第 16 回出生動向基本調査」2023 年 8 月より筆者作成。

図表 5 - 14　独身でいる最大の理由（30～34 歳、女性）

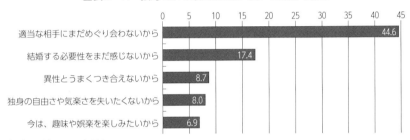

適当な相手にまだめぐり会わないから	44.6
結婚する必要性をまだ感じないから	17.4
異性とうまくつき合えないから	8.7
独身の自由さや気楽さを失いたくないから	8.0
今は、趣味や娯楽を楽しみたいから	6.9

出所：図表 5 - 13 と同じ

53.3% です。

　このような状況を踏まえ、自治体も出会いの場を設けたり、結婚相談を実施したりしています。情報を流すことを主としている自治体もありますが、出会いの場を設定している自治体も多数あります。たとえば岩手県結婚サポートセンターは、1 か月程度の間に、「2 時間で終わるカップリングイベント」「縁結びバスツアー」「Cafe 婚」「BBQ婚」「クラフトコーラづくり＆交流会」「三鉄電車婚」「パン de 朝カフェ交流会」「お見合い体験会」など、さまざまなイベントを行っています。また、自社の独身従業員の結婚を応援する県内の企業に登録を呼びかけ、マッチング、他の会員企業との交流などを実施している自治体もたくさんあります。企業にとっても地元企業で働いている方同士

が結婚すると、結婚後も働き続けやすいため、従業員の離職を防げそうです。また婚活を応援する動画の作成、婚活マナー講座、自分磨きセミナー、服装相談など、さまざまなセミナー、相談会も開催されています。

②不妊治療の支援

　2022年4月から不妊治療が保険適用になりました。ただし、保険適用なので、本人負担が発生します。また、先端医療については保険適用でなく全額自己負担です。そのため、自己負担を減らす独自の制度を設けている自治体があります。たとえば、東京都は全額自己負担になる先端医療部分について、保険医療と合わせて治療した場合、助成対象にしています。また、保険適用の場合、3割の自己負担が発生しますが、その自己負担の一部を助成している自治体も多数あります。

③出産支援

　第2章で書いたように異次元の少子化対策で出産一時金が42万円から50万円に上がりました。2022年度で正常分娩の場合、公的病院でかかる費用は平均46万3450円、私的病院は50万6264円でした[7]。50万円の一時金ですと、かなりの方に自己負担が発生します。そこで、国の一時金に上乗せする支援制度を設けている自治体があります。横浜市は独自の制度として子ども一人につき9万円の出産一時金を支給しています。そのため、国の50万円と合わせて59万円の一時金になり、かなりの方の自己負担が解消できるのではないかと思います。

注
1　文部科学省「『こども未来戦略方針』を踏まえた学校給食に関する実態調査の結果について」2024年6月。
2　文部科学省「学校給食に関する実態調査、概要説明資料」2024年6月。
3　厚生労働省「こどもにとってより良い医療の在り方等」2023年9月。
4　NHK首都圏ナビ首都圏ネットワーク「保育士配置に"自治体格差"あなたの

地域は？」2022 年 10 月 21 日。

5　NHK「NEWSWEB」2024 年 6 月 3 日。

6　NPO 法人ブックスタートの web サイト。

7　厚生労働省「出産費用の見える化等について」2023 年 9 月。

あとがき

　第5章でみたように、自治体はさまざまな少子化対策に取り組んでいます。政府が取り組んでいない対策や政府の施策より充実した対策を進めています。ただし、多くの対策は経済的支援です。経済的支援は重要ですが、政策の一貫性を考える必要があります。

　多くの自治体は子どもの減少に対応して、一方では少子化を解決するための少子化対策を進め、他方では少子化を前提にした小学校の統廃合を進めています。政策的に矛盾しているだけではありません。小学校の統廃合を進めますと、地域から小学校が消滅し、子育て環境が悪化し、少子化に拍車をかけます。

　公立保育所の民営化、学童保育への指定管理者制度導入を進めている自治体が多数あります。保育所や学童保育を民間任せにしながら、行政が主導して子育てしやすい地域を作ることができると判断しているのでしょうか。

　若者の雇用の安定、賃金の上昇が少子化対策にとって重要ですが、多くの自治体はコストを削減するために民間委託を進め、行政内部では非正規化を進めています。行政自らワーキングプアーを作り出しているわけで、少子化を加速させます。

　子育て世帯の経済的負担を減らすのは重要で、そこに重点的に予算を使うことは大切です。その一方で、小学校の統廃合、子育て施設・事業の民営化、行政職員の非正規化を進めているようでは、少子化対策が十分な成果を上げるのは困難でしょう。

　少子化対策は政府と自治体が両輪になって進めなければなりません。子育て世帯に対する経済的支援を充実させつつ、少子化対策という点からさまざまな施策を総点検すべきです。また、地域で少子化対策を

具体的に進めるのは市町村です。もう一度、市町村の役割を見直すべきです。そして政府の施策が不十分、改善すべきであれば、政府に対してきちんと異議を申し出るべきです。

　自治体としての役割を発揮し、矛盾のない科学的な施策を実施すれば、地域から少子化対策を進めることができます。

　本書の編集は、自治体研究社の寺山浩司さんがご担当くださいました。短期間で作業を進めていただきありがとうございました。あらためて感謝します。

2024 年 6 月
中山　徹

著者紹介

中山　徹（なかやま・とおる）
1959 年大阪生まれ、京都大学大学院博士課程修了、工学博士
現在、奈良女子大学名誉教授、自治体問題研究所理事長
専門は、都市計画学、自治体政策学

主な著書
『大阪の緑を考える』東方出版、1994 年
『検証・大阪のプロジェクト』東方出版、1995 年
『行政の不良資産』自治体研究社、1996 年
『公共事業依存国家』自治体研究社、1998 年
『地域経済は再生できるか』新日本出版社、1999 年
『公共事業改革の基本方向』新日本出版社、2001 年
『地域社会と経済の再生』新日本出版社、2004 年
『子育て支援システムと保育所・幼稚園・学童保育』かもがわ出版、2005 年
『人口減少時代のまちづくり』自治体研究社、2010 年
『よくわかる子ども・子育て新システム』かもがわ出版、2010 年
『人口減少と地域の再編』自治体研究社、2016 年
『人口減少と公共施設の展望』自治体研究社、2017 年
『人口減少と大規模開発』自治体研究社、2017 年
『人口減少時代の自治体政策』自治体研究社、2018 年
『だれのための保育制度改革』自治体研究社、2019 年
『子どものための保育制度改革』自治体研究社、2021 年
『地域から築く自治と公共』自治体研究社、2024 年

地域から考える少子化対策—「異次元の少子化対策」批判—

2024 年 7 月 25 日　　初版第 1 刷発行

著　者　中山　徹

発行者　長平　弘

発行所　㈱自治体研究社
　　　　〒162-8512 新宿区矢来町 123　矢来ビル 4 F
　　　　TEL：03・3235・5941／FAX：03・3235・5933
　　　　http://www.jichiken.jp/
　　　　E-Mail：info@jichiken.jp

ISBN978-4-88037-771-1 C0036

印刷・製本／中央精版印刷株式会社
DTP／赤塚　修

自治体研究社

地域から築く自治と公共

中山　徹著　　定価 1210 円

「戦争できる国」づくりを進める政府。学校や病院の縮小再編、職員削減・非正規化に走る自治体。市民不在の政治を自治と公共性から問う。

人口減少と公共施設の展望
──「公共施設等総合管理計画」への対応

中山　徹著　　定価 1210 円

民意に反した公共施設の統廃合や民営化が急速に推し進められている。地域のまとまり、まちづくりに重点を置いた公共施設のあり方を考察。

人口減少と地域の再編
──地方創生・連携中枢都市圏・コンパクトシティ

中山　徹著　　定価 1485 円

地方創生政策の下、47 都道府県が策定した人口ビジョンと総合戦略を分析し、地域再編のキーワードであるコンパクトとネットワークを検証。

人口減少と大規模開発
──コンパクトとインバウンドの暴走

中山　徹著　　定価 1320 円

各地に大規模開発計画が乱立している。この現状をつぶさに分析して、人口減少時代の市民のためのまちづくりとは何かを多角的に考察する。

子どものための保育制度改革
──保育所利用者減少「2025 年問題」とは何か

中山　徹著　　定価 1320 円

質を犠牲にして量を拡大してきた保育制度。保育所利用者が減少へと転じる今、保育環境の改善に舵を切り、本当の少子化対策の必要性を説く。